中华传统文化普及丛书

中国武术浅话

三喜题

北京尚达德国际文化发展中心　组编

宋雅树　编著

中国人民大学出版社
·北京·

中华传统文化普及丛书

顾　问：滕　纯　郑增仪

总策划：韦美秋

专家委员会（以姓氏笔画为序）：

　　　　王　南　王　鹏　王天明　王玉民

　　　　叶　涛　汉　风　李晓丹　李墨卿

　　　　刘元刚　孙燕南　杨　秀　肖三喜

　　　　吴望如　张　健　张　践　赵世民

　　　　祖秋阳　段　梅　贺　阳　高春明

　　　　郭书春　唐　玲　彭　珂　程　风

　　　　普颖华　翟双庆　磨东园

编委会（以姓氏笔画为序）：

　　　　于　跃　牛　彤　王　宇　韦开原

　　　　韦美秋　史　芳　刘涵沁　孙成义

　　　　李美慧　杨盛美　宋　蕾　宋雅树

　　　　张　习　高春明　钱　莉　覃婷婷

总　序

　　感谢"中华传统文化普及丛书"的出版！它以历史巨人的眼光俯视古今，这对于振兴中华、古为今用是功不可没的。

　　本套丛书包蕴广博、涉猎天下。

　　首先，历史是一面宝鉴，它以独特的真实照耀古今，从而清晰地记录了人类的文明。

　　中华文明历经数千载，以德风化育子孙，高度认可人类文明的血缘性。以"孝亲敬贤"为核心的民俗，流成永恒的智慧清泉，润泽着后人的心田。

　　中华文明世代相传，骨肉亲情诞生了仁德的孝亲制度，使中国成为礼仪之邦，友善外交也在历代传承不断。今日中国"一带一路"的外交国策不也充满了我们与邻邦之间互助、友爱的仁德之善吗？

　　当科技文明的新潮涌来时，人人皆知上有天文，世用医道，农田城建，数据运算，何处不"工匠"？本套丛书溯本追源，力述大国工匠的初心，向今人展示中华科技成就的璀璨，弘扬科技创造，鼓舞万众创新，以实事求是的精神推动社会生产力的发展。

　　中华民族是龙的传人，早在中华文明的摇篮期就孕育了"美丽中国梦"。在先祖博弈大自然时，就出现了原始文化群体。既有夸父逐日之神，也有女娲补天之圣。古人在希望与奋斗中，唤起人类生存的能量，充满了胜利与光明。这不正是民族自信的理想之光么？

　　"天行健，君子以自强不息"的积极精神引导着"中国模式"的当代实践，正是"美丽中国梦"的千古传薪！

　　自信与创新是"梦"之真魂。中国汉字、文学、书法、绘画、音乐等，也都在承前启后，以百花盛开之势，铸魂"中国梦"。

　　春秋战国时期，诸子蜂起，百家争鸣，先哲们各有经典问世，成就了中华信仰文明——儒、道、兵、法等家，后有佛教传入，皆为中华信仰及思想之根。

　　人民是历史的主人，中华文化是中华各族人民共同创造的。纵观历史，不忘初心，继续前进。感谢各位专家奉献各自的智慧，普及中华传统文化的精华，造福读者。感谢编委们历尽辛劳，使群英荟萃，各显其能。

本套丛书尊重历史，古为今用；内容丰富，深入浅出。有信仰经典之正，有文韬武略之本，有科技百花之丰，有人文艺术之富，"正本丰富"可谓本套丛书的编写风格。

祝愿读者在"中华传统文化普及丛书"中，取用所需，传播社会，在世界文明的海洋中远航，使中华芬芳香满世界。

编写说明

中国是四大文明古国之一，我们的祖先创造了辉煌而丰富的文化，无论是文学艺术还是科学技术，其文明成果至今都令世人惊叹不已。英国著名历史学家汤因比曾经说过："世界的未来在中国，人类的出路在于中国文明。"中华民族数千年来积累的灿烂文化，积淀着中华民族最深沉的精神追求，是中华民族生生不息、发展壮大的丰富滋养，亦是我们取之不尽、用之不竭的思想宝库。

让广大青少年在轻松愉悦的阅读中获得传统文化的滋养，以此逐渐培养他们对中华优秀传统文化的自信心、敬畏心，为未来国家的主人们奠定创新的基石，这是我们的夙愿。为了让读者尤其是广大青少年能有机会较为系统地了解璀璨的中华文明，感受中华民族文化内涵的博大精深，我们特邀数十位相关领域的权威专家、学者为指导，编写了这套"中华传统文化普及丛书"。

本套丛书包括《中国思想浅话》《中国汉字浅话》《中国医学浅话》《中国武术浅话》《中国文学浅话》《中国绘画浅话》《中国书法浅话》《中国建筑浅话》《中国音乐浅话》《中国民俗浅话》《中国服饰浅话》《中国茶文化浅话》《中国算学浅话》《中国天文浅话》，共十四部。每一部都深入浅出地展现了中华传统文化的一个方面，总体上每一部又都是一个基本完整的文化体系。当然，中华文化源远流长、广博丰富，本套丛书无法面面俱到，更因篇幅所限，亦不能将所涉及的各文化体系之点与面一一尽述。

本套丛书以全新的视角诠释经典，力图将厚重的中华传统文化宝藏以浅显、轻松、生动的方式呈现出来，既化繁为简，寓教于乐，也传递了知识，同时还避免了枯燥乏味的说教和令人望而生畏的精深阐释。为增强本套丛书的知识性与趣味性，本套丛书还在正文中穿插了知识链接、延伸阅读等小栏目，尽可能给予读者更丰富的视角和看点。为更直观地展示中华文化的伟大，本套丛书精选了大量精美的图片，包括人物画像、文物照片、山川风光、复原图、故事漫画等，既是文本内容的补充，也是文本内容的延伸，图文并茂，共同凸显中华文化各个方面的历史底蕴、深厚内涵，既充分照顾

了现代读者的阅读习惯，又给读者带来了审美享受与精神熏陶。

文化是一个极广泛的概念，一直在发展充实，它多元多面、错综复杂。本套丛书力求通过生动活泼的文字、精美丰富的图片、精致而富有内涵的版面设计，以及富有意蕴的水墨风格的装帧等多种要素的结合，将中华传统文化中璀璨辉煌的诸多方面立体地呈现在读者面前。希望读者能够在轻松阅读的同时，从新视角、新层面了解、认识中华传统文化，增强文化自信；同时启迪思考，推动我们中华优秀传统文化的传承、复兴和创新发展。

前　　言

在辽阔的华夏大地上，文明的火种已经传承了五千余年。在这漫长的历史长河中，中国武术就像一道绚丽的彩虹，横空出世。中国武术源远流长、博大精深，具有健体防身、育心启智等作用，被称为中国四大国粹之一。

近百年来，更有无数的武侠小说给武术蒙上了神秘的色彩，让人产生很多疑惑。中华武术源远流长，到底源于何处？博大精深，精深在哪里？翻开本书，你将会看到原始武术向新时代武术过渡的篇章，此外本书还将为你揭开那些流传已久的秘密。

少林、武当、峨眉这享誉武林的三大门派究竟为何为世人所称道？太极拳为何能够得到大家的一致认可？"内三合、外三合"的形意拳和身似游龙的八卦掌有何特色？咏春拳为何能在近代大放异彩？那些耳熟能详的十八般兵器又各具什么特色？传说中的武林高手能登萍渡水、一掌断金，这一身高深莫测的功夫真的存在吗？神乎其神的点穴术在现实生活中是否真正存在，又是否真的能够制敌于无形？中国武术有太多的神秘之处，吸引着人们去关注、去探索。此书用一段段有趣的史实和故事，带着你扬帆起航，在浩瀚的武术之海中，撷取最璀璨的珍珠。

目 录

第一章 从武说起 /1

一、武之源——蜕变的史诗 /1
（一）源于"人兽"相斗 /2
（二）源于战争 /2
二、武之义——因时而异 /4
（一）杀伐、暴力的武 /5
（二）"文化"的武术 /6
三、武之魂——武德 /7
四、武之功——武术的功用 /8
（一）健体防身 /8
（二）育心 /10
（三）知礼习礼 /11
（四）启智 /11

第二章 传统武术门派 /12

一、闻名中外的少林派 /12
（一）少林武术的起源 /13
（二）少林寺的壮大 /16
（三）少林派的拳种体系 /19
（四）今日之少林 /20
二、以柔克刚的武当派 /22

（一）武当派的特点 /23
　　（二）武当派创始人——张三丰 /23
　　（三）武当派的重要传承人——张松溪 /25
三、闻名遐迩的峨眉派 /27
　　（一）带有女性色彩的峨眉派 /27
　　（二）峨眉武术的体系 /29
　　（三）峨眉派的发展脉络 /30

第三章　丰富多彩的武术拳种 /32

一、刚柔相济的太极拳 /32
　　（一）太极拳的秘密 /32
　　（二）太极拳的拳理 /34
　　（三）太极拳的源流 /35
　　（四）太极拳的流派简介 /36
　　（五）太极拳之用 /40
二、形神兼备的形意拳 /42
　　（一）何为形意拳 /42
　　（二）形意拳的特点 /44
　　（三）形意拳的拳理 /45
　　（四）形意拳的流派简介 /46
三、变化莫测的八卦掌 /49
　　（一）八卦掌的起源 /49
　　（二）何为八卦掌 /50
　　（三）八卦掌的流派传承 /51
四、名扬海外的咏春拳 /51

（一）咏春拳的源流 /51
（二）咏春拳的特点 /54
（三）咏春拳的拳理 /55
五、五花八门的武术命名 /57
（一）哲学化的命名方式 /57
（二）其他命名方式 /57

第四章 各具特色的十八般兵器 /59

一、百兵之帅——刀 /60
（一）为何称刀是"百兵之帅" /60
（二）神秘的青龙偃月刀 /60
（三）集技击与表演为一体的刀 /62

二、百兵之王——枪 /62
（一）为何称枪是"百兵之王" /63
（二）从俗语中一窥枪的用法 /63

三、百刃之君——剑 /63
（一）为何称剑为"百刃之君" /64
（二）繁复飘逸的剑招 /65

四、百兵之首——棍 /65
（一）棍术的起源 /65
（二）长短不一的棍 /66
（三）为何称棍为"百兵之首" /66

五、其他兵器 /67

第五章 探秘武侠小说中的神秘武功 /72

一、神秘莫测的气功 /72
（一）"以气催力"的气功 /72
（二）日趋表演化的硬气功 /73

二、踏雪无痕的轻功 /74
（一）探秘武侠世界里的轻功 /74
（二）"飞檐走壁"式的轻功 /74
（三）轻功的本质 /75

三、高深莫测的点穴术 /76
（一）什么是点穴术 /76
（二）神奇的点穴功能 /76

四、"不可貌相"的蛤蟆功 /77

五、放长击远的琵琶功 /77
（一）何为琵琶功 /77
（二）琵琶功的本质 /78

第六章 习武过程中亟须关注的问题 /79

一、习武内容之认识 /79

二、练拳问答 /80

三、武者必备的修行 /81

结语 /82

参考文献 /83

第一章 从武说起

中华武术是中华民族在长期的社会实践中不断积累和丰富起来的一项宝贵文化遗产,它具有悠久的历史,是中国传统文化的缩影之一。

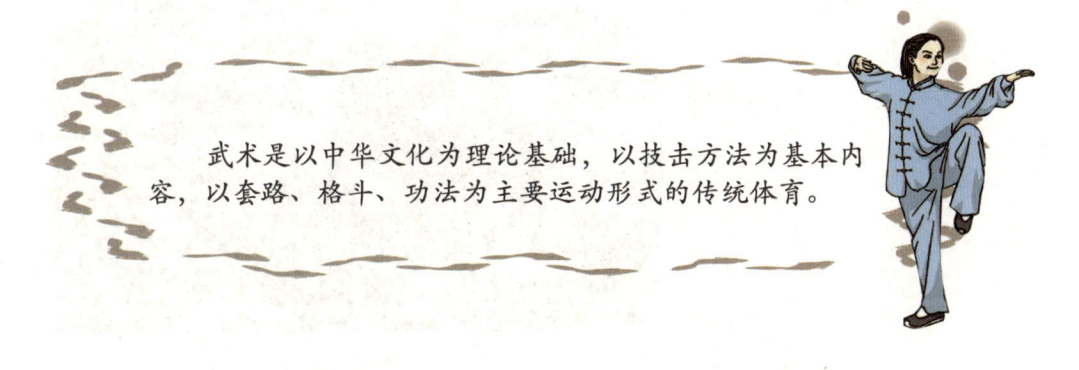

武术是以中华文化为理论基础,以技击方法为基本内容,以套路、格斗、功法为主要运动形式的传统体育。

一、武之源——蜕变的史诗

中华武术历史悠久,萌芽于原始社会,兴于先秦(时称武勇),盛于汉唐(时称武艺),成型于宋代(始称武术),在明末清初实现了大繁荣,谱写出了动人的诗篇。

关于"武术"一词,最早出现在南朝梁武帝之子萧统编辑的《昭明文选》中,书中记载:"偃闭武术,阐扬文令",但当时的"武术"是泛指军事。至清初,"武术"一词开始被比较广泛地使用,此时"武术"这一名称才具有现在"武术"一词的含义;而到了民国之初,武术则有"国术"之称,1928年,中央国术馆正式将武术定名为"国术";新中国成立后,"国术"又改回"武术",此后一直以"武术"一词相称。

（一）源于"人兽"相斗

远古时期，人类在自然界面前极其渺小，凶猛残暴的野兽时刻威胁着人类的安全，为了生存，人类被迫与动物进行斗争。人们或者用石器砍、刺，或者用木棒敲击，或者用箭射击，总之，都是为了保护自己免受动物的侵害。

在兽强人弱的自然环境之中，人类获得生活资料（食物）的途径也主要是以狩猎为主。于是，在人兽相斗的过程中，人们逐渐形成了蹲蹦跳跃、翻滚躲闪、拳打脚踢等徒手的技击动作，以及运用石制、木制棍棒等工具

丁村人狩猎复原图（旧石器时代中期）

的技能，积累并总结了一些人兽搏斗的技能与经验，并应用到人与人之间的搏斗之中。因此可以说，人兽相斗是武术发展的萌芽。

《韩非子·五蠹》中说道："人民少而禽兽众，人民不胜禽兽虫蛇。"不仅描述了人少兽多的自然现象，也描绘出人类在禽兽虫蛇前柔弱的一面。

《淮南子·览冥训》记载："往古之时……猛兽食颛（zhuān）民，鸷（zhì）鸟攫（jué）老弱。"《淮南子·本经训》中记载："封豨、修蛇皆为民害。"可见远古时期的自然环境是多么的恶劣，人类无时无刻不处在危险之中。

（二）源于战争

人与兽的争斗促使早期部分人类掌握了基本的搏杀技能，但要说真正意

义上的武术，则主要还是萌生于人与人的战争中。

随着远古部落的形成与发展，人们除了通过与自然界斗争来获取食物以外，人与人之间的争斗也越来越频繁。各部落之间逐渐形成了疆界意识，为了种族更好地生存与发展，各部落会出现伺机掠夺他人土地和财物的行为。而实现领土扩张与财物掠夺的主要途径就是战争。

只要是战争，就会有敌对的双方，就会有强弱之分。为获取战争的胜利，人们常常会采用最有效的技击手段击伤或杀死对方，使对方失去对抗能力。《史记·五帝本纪》中记载，黄帝时，神农氏衰微，诸侯国（指部落）之间相互攻占厮杀，戕害天下百姓，而神农氏却没有足够的能力征讨他们。这时，轩辕（即黄帝）习干戈之事，传授部族有效的技击方法，打败炎帝与蚩尤，平息了战乱。相传黄帝在与蚩尤大战时，蚩尤部落制造了戈、矛、戟等各式各样的兵器，非常强大，但最后被黄帝、炎帝等数十个部落合力打败。由此可以看出，有效的技击在早期战争中显得尤为重要。基于这个原因，人们不断地从战争中吸取经验，并创造了一系列利于战争的冷兵器。

而在非战争时期，人们会将战场上实效性较强的击、刺、砍等动作进行编排，用于士兵训练或集体演练（武舞）。在某些时候，声势浩大的武舞（如同现代的军事演习）也同样能显示出极强的实战效果。在虞舜时代，有苗部落不服舜的领导，到处作乱。这时，禹就把战争中实用的技术进行了编排，让士兵持干戚（干：盾牌；戚：大斧）作舞，有苗部落被浩浩荡荡的场面慑服，终不敢再作乱。这种武舞的演练方式与我们当前的武术套路有着非常相似的一面，融技击与表演为一体。

不过，军队"武术"与我们平常所说的武术还是有本质区别的。明朝著名将领戚继光在《纪效新书》中就曾说道：两军交战，和校场中两人之间的武艺比较不是一回事。真正的战场是阵战，成百上千的士兵列队向前厮杀，对方的枪戳过来，我方的枪戳过去，敌人乱刀劈过来，我方乱刀劈回去，勇猛之人不能脱离队列单独向前，胆小之人也不能怯懦在后，要求所有人一起前进。士兵紧紧地挤在一起，脚碰着脚，肩挨着肩，连转动手脚的空间都没有，基本上不会出现武术套路中左右跳动的场景。一人如若回头，众人便会心生退兵的疑惑，一人即便转移一小步，也会导致军心的动摇（士兵会以为转移寸步是撤退的现象），根本不会出现武术套路中闪展腾挪的身法。

开大阵，对大敌，比场中较艺、擒捕小贼不同。堂堂之阵，千百人列队而前，勇者不得先，怯者不得后，丛枪戳来，丛枪戳去，乱刀砍来，乱杀还他，只是一齐拥进，转手皆难，焉能容得左右动跳？一人回头，大众同疑，一人转移寸步，大众亦要夺心，焉能容得或进或退？

——《纪效新书》

王还霆《台州大捷（戚继光抗倭）》油画

在连绵不断的战争中，比较成功的一击一刺一拳一腿逐渐被人模仿、传授、习练，战场上的搏斗经验不断得到总结和提炼，武术随之向实用化、规范化的方向发展，兵器和武艺也都有着较大程度的变化，武术体系逐步形成。

二、武之义——因时而异

远古时期，人兽相斗是出于人们的本能，是为了保护自己、为了生存所必须进行的斗争。而到了战争时期，武术就演变为获取战争胜利的手段。可见，不同时期的武术有着不同的内涵。

（一）杀伐、暴力的武

甲骨文中的"武"是一个会意字，"武"字的上部是"戈"（古代的一种武器），下部是"止"，本意为"行进"或"运动"，尚未引申出"禁止""制止"等意思（如下图）。如"步行"的"步"是指两脚交替行走，但不会说"步"是"停止走路"的意思。因此，"武"的含义即为"戈"（武器）在"止"的驱使下向前推进，扫荡一切，夺敌之土地、财产。由此可以得知，武不仅是保护生命的手段，更是一种具有夺取、杀戮性质的暴力手段。

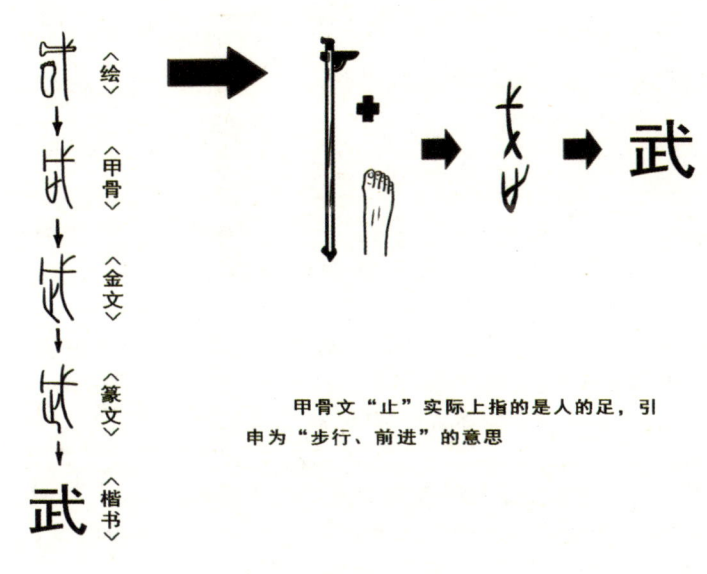

甲骨文"止"实际上指的是人的足，引申为"步行、前进"的意思

"武"字的演化

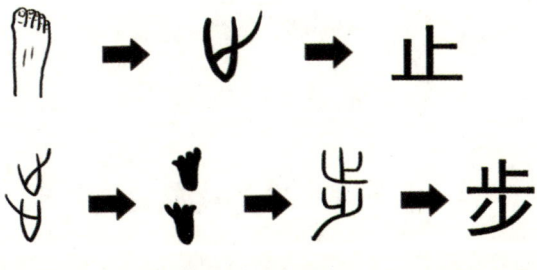

"步"字的演化

不过，关于武的本质，历史上也有不同的理解。东汉许慎在《说文解字》中记载："楚庄王曰：'夫武，定功戢（jí）兵，故止戈为武。'"就是说，武就是停止战争（停止使用武器）。后世学者认为，这是楚庄王对武的一种

美化与包装，表达了楚庄王的反战思想。再从许慎身处的年代来看，频繁的战争最终都以武力平息，因而就有了"武能停止战争"的说法。可见，这种见解有着时代影响的因素，并非武的本义。

作为杀伐、暴力的"武"之所以能够在历史上存在，是因为其能在某一方面发挥重要的作用。在冷兵器时代，作为暴力手段的"武"是推翻旧王朝、建立新秩序的重要力量。历史上的刘邦、朱元璋等人之所以能从平民摇身变成帝王，重要原因之一就是因为他们对"武"的掌握。当然，每一位新即位的帝王，都会忌讳再有类似陈胜、吴广等"斩木为兵，揭竿为旗"的起义。因此，历代帝王都会对"武"进行严格的管制甚至是镇压，特别是刀、枪等兵器，被作为重点管制对象，以"武"结社的集团更是帝王们的眼中钉、肉中刺。

"收天下之兵，聚之咸阳；销锋镝，铸以为金人十二，以弱天下之民。"（贾谊《新书·过秦论》）秦始皇统一六国之后，首先做的就是销毁存留民间的兵器，以此来削弱民间的武装力量，从而巩固自己的皇权。

《金史·章宗本纪》中记载："制定民习角抵、枪棒罪。"到了元朝，"分汉地及江南所拘弓箭兵器为三等：下等毁之，中等赠近居蒙人，上等贮于库。"（《钦定续文献通考》卷一百三十四）"……习练角抵之戏，学攻刺之术者，师、弟子并杖七十七。"（《元史·刑法志》）可见元朝政府不仅收缴兵器，而且对习练武术之人加以治罪。

（二）"文化"的武术

武除了受到统治者的压制以外，还一直受到"文"的影响。自古以来，中国一直有着"文尊武卑"的思想，"武"与"文"相比，"文"更具有优越性。常言道："万般皆下品，唯有读书高。"能文善武的人被褒为"文武双全"，而文弱武强的人则会被贬为"一介武夫"。或许是为了提高武自身的地位，"武"开始主动或被动地被"文化"。被"文化"后的武术，融

入了儒家思想、阴阳思想、《孙子兵法》等传统文化思想。例如：儒家以"仁爱"为基本思想所派生出来的"忠、孝、智、仁、勇、宽、信、敏、惠、温、良、恭、俭、让"等道德标准，也一直被作为武术伦理思想的核心。阴阳思想中的阴阳互根、阴阳消长、阴阳转化，被作为武术技法的基本原理，常用以解释和规范拳法技理等。正是有了"武"主动或被动的"文化"，与儒学、八卦、五行、太极等思想产生交融，让武术有了哲学的意蕴，才形成了今天形式丰富多样、内容博大精深的武术传统文化。

三、武之魂——武德

武术原本是一种追求搏杀效果的战斗技术，它具有显在的攻击性。显然，这种格斗、搏杀的技术如若任凭其粗放地发展的话，必然会伤人害己并威胁到社会的秩序。因此，武术在传承中非常注重传承人的德行。传统武术家们在传授武术的时候，都要事先考察学习者的品行，根据学习者的品行情况再确定是否传授其功夫。

那么，何为武德？武德就是习武之人应当遵循的道德规范。俗话说："没有规矩，不成方圆"，万事都要讲究个规矩，更何况是具有伤害性的武术呢。自古还有"未曾习武先修德"的俗语，在武林各流派中，也都有着自己的武德规范条例，包括尊师重道、不能欺师灭祖等各种"门规""戒律"以及"五不传""十不可"等条例。

一般武术老师都会给徒弟讲这样一个故事：从前有一个年轻人，十分刻苦好学，有一天被一个有名的武师看到，便收为徒弟。徒弟跟随武师学武，很是用心。八年之后，徒弟已经打遍当地无敌手了，于是便自己开了一家武馆，名字就叫"第一武馆"。开馆的当天，鞭炮齐鸣，宾客如云，一个被他打败过的人找到他挑衅说："你这算什么第一，你不是第一，你师父才是第一，你得把你师父打败了，让他在大家面前承认你比他强，我们才能承认你这个是第一武馆。"徒弟听了之后就去找师父挑战，遭到了师父的拒绝。他回到武馆之后，心里很不舒服，他觉得师父的本事他全部都已经学到手了，论年龄他年轻力壮，师父和他比肯定输。他认为师父是怕被他打败之后没面子，为了保住自己的名声，才不答应和他比武的。从此徒弟怀恨在心，总想找机

会把师父杀掉,他认定只要没有了师父,就算人们认为师父的功夫比他高又怎么样?师父死了,他就是第一!于是,在一个月黑风高的夜晚,徒弟穿上夜行衣,蒙了面,悄悄地潜入师父的房中,举起刀就向着熟睡中的师父砍去。师父不知是徒弟,以为是仇家来袭,一个鹞子翻身,千钧拳就招呼了过去,徒弟没想到师父会醒来,毫无防备,当即中拳倒地身亡。师父拿过灯来,掀开遮面巾一看,来杀他的人居然是自己的徒弟,顿时老泪纵横,痛不欲生。

对武术教师的基本要求为"五不传":人品不端者不传;人无恒心者不传;不知珍重者不传;心险好斗者不传;轻浮外露者不传。

对学武者要求"十不可":不可轻师;不可忘义;不可逞斗;不可欺人;不可酗酒;不可赌博;不可吸烟;不可戏色;不可炫耀;不可无礼。

四、武之功——武术的功用

武术之所以能延续数千年并成为中国的国粹之一,自然因其有着独特的价值,在它的一招一式中,蕴含着健体、防身、育心、启智等多种功用,具有无穷的魅力。

(一)健体防身

毋庸置疑的是,经常进行科学的武术锻炼,能够促进少年儿童的生长

发育，能够健全、健美人的体格，使人体得到全面的发展。从人的生长发育来说，习练武术有助于人体身高、体重等均衡发展。从身体素质来说，通过武术锻炼，能够提高人的柔韧性、灵敏性、协调性、速度、力量、耐力、肺活量等。此外，习练武术还能够促进人体方位感和协调能力的发展，提高人对身体各部位的控制能力。可见，武术的健身价值丝毫不比其他运动逊色。

习武者在与对手搏斗时，通过拳打、脚踢、快摔等武术动作的运用，扬长避短，讲究得机、得势，从而提高自身的判断能力和应变能力，以及克敌制胜和防身自卫的能力。

现代武术教练通常会通过两种方式来提高习武者的防身能力：一种是套路练习，武术套路是由一个个技击动作按照运动规律编排而成，在教学中加入喂招、拆招的练习，能够让人掌握防身的技巧；另一种是对抗练习，对抗练习能够培养习武者在实战中灵活地运用防身技术，从而达到防身护己的目的。

（二）育心

1. 增强自信心

在武术习练过程中，习武者抬头挺胸、目视前方的站立姿势，或舒缓柔韧、或刚劲有力的肢体动作，都能够让人从内心觉得自信满满、底气十足。通过习练武术，既可以提高习武者的身心素质，又能让习武者学会攻防技术，最终掌握防身制敌的本领，从而使得习武者有着"勇者不惧"的自信心。

2. 锻炼意志品质

如今，社会竞争愈发激烈，人们时刻面临着压力与挫折，容易出现自我情绪失控。一般来说，人的意志力一旦坚定，情绪就会安定。通过坚持不懈的武术练习，习武者能够形成坚强的意志力。俗话说："冬练三九，夏练三伏。"习武者常年修习，自然能培养出顽强的意志品质。

3. 促进人际交往

群众性的武术活动，是人们切磋技艺、交流思想、增进友谊的良好手段。互教互学、以武会友、切磋武艺，可以促进习武者之间的友谊。一般来说，武术对练需要双方的默契配合，尤其是需要二者共同完成一项任务

时，双方会经历"摩擦—协调—理解—包容"的过程。从二者对练的开始到双方技术的提高，习武者之间在不知不觉中就会建立起深厚的友谊。

（三）知礼习礼

孔子曰："不学礼，无以立。"武术的修习更是如此。拳谚曰："未曾习武先学礼，未曾习武先习德。"在习武之前，先要学会以礼待人、讲礼守信、尊师爱友、不凌弱逞强等基本礼仪规矩。否则，一旦进入双方对练，便很有可能因不懂或不守规矩而伤人伤己，进而使对练演变为互殴。即便都已经知悉武礼了，对练的双方仍然可能在习练过程中发生摩擦和纠纷，这时，对习武者的谦让、包容等品质就有了更高的要求和更多的磨练。可见，在习武过程中，知礼习礼是贯穿始终的。

武礼中最基本的抱拳礼可以理解为：左掌表示德、智、体、美"四育"齐备，象征高尚的情操，拇指屈指表示不自大、不骄傲。右拳表示勇猛习武。左掌与右拳相合，表示"勇不滋乱""武不犯禁"，以此来约束、节制勇武。两臂前屈成圆，表示五湖四海皆兄弟，天下武林是一家。

（四）启智

所谓启智，是指通过武术的习练来均衡发展人的左右脑，从而提高人的智力。在变化的、激烈的对抗中，习武者采用虚实结合、刚柔相济等辩证的战术思想，灵活敏捷地去反抗对方，这样的训练能够有效地提高习武者的分析能力、判断能力以及反应能力。

第二章 传统武术门派

中华武术之所以博大精深，其因不一，而武术门派众多，乃是重要之因。各门派中集合了数以万计符合人体运动规律的技击动作，使得武术博大，而每个武术动作的形成（技术要领的提炼及技术动作的用法）又蕴含着儒、释、道、阴阳等各家思想的精髓，使得武术精深。

目前，在中华大地上仍有武术研习传统和武术传承，流传至今尚有传承人的、影响较大的武术门派大致有六个，它们分别是少林、武当、峨眉、青城、昆仑、崆峒，这是当今武术界认可并经中国武术协会总会多年调查研究后确认的。其中又以少林、武当与峨眉这三个门派的历史最为悠久，为中原武功的三大流派，是中土武功的三大宗！

一、闻名中外的少林派

"天下武功出少林，少林武术甲天下"似乎早已成为世界的共识。在中国的众多武术流派中，少林（派）是传播范围最广、源流最长、拳种最为丰富的门派之一。从古至今，少林功夫一直是中国极具权威性和代表性、最具有宗教文化内涵和神秘感的功夫流派。仅少林寺就有南北之分，位于河南省登封县嵩山的是北少林，是少林武术的发源地，坐落于福建莆田的则称为南少林。关于少林，有着道不尽的话题和太多的传奇故事。

嵩山北少林

莆田南少林

（一）少林武术的起源

"天下武功出少林"，是说天下武学尽源于少林，可少林的武术又是从何而来的呢？关于少林武术的由来，大致有以下几种说法。

1. 达摩创拳

相传，达摩来到少林之后，为了参悟佛理，终日壁观（佛教用语，一种修行的方法）静坐，时间久了，导致经脉气血不畅，常伴有精神萎靡和肉体疲困的感觉。于是，达摩便仿效前人动作，创编出诸多活动筋骨的方法，以达到锻炼身体、活动手足的目的。这其中就包括了"易筋经"和"洗髓经"。达摩又使用棍、杖、剑等器械表现这些活动筋骨的动作，后人将之称为"达摩棍""达摩杖""达摩剑"。后来，达摩又模仿鸟兽虫鱼飞翔腾跃之姿，创造了一套动静结合的"罗汉手"。

然而，后世有人对达摩创拳的说法提出了质疑，认为达摩并非少林武术的创始人，甚至说达摩根本就不会武术，但这已经无关紧要，人们将达摩

作为少林派的开山鼻祖，把其作为崇拜偶像，早已深入人心！

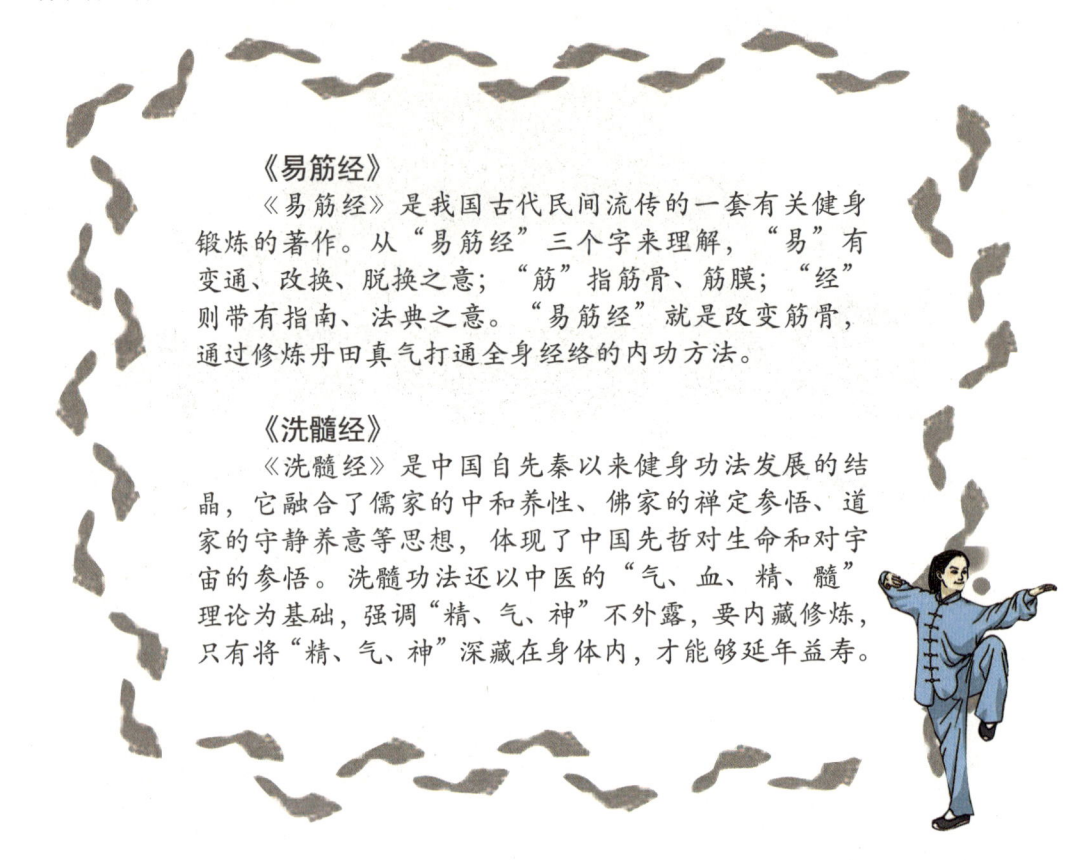

《易筋经》

《易筋经》是我国古代民间流传的一套有关健身锻炼的著作。从"易筋经"三个字来理解，"易"有变通、改换、脱换之意；"筋"指筋骨、筋膜；"经"则带有指南、法典之意。"易筋经"就是改变筋骨，通过修炼丹田真气打通全身经络的内功方法。

《洗髓经》

《洗髓经》是中国自先秦以来健身功法发展的结晶，它融合了儒家的中和养性、佛家的禅定参悟、道家的守静养意等思想，体现了中国先哲对生命和对宇宙的参悟。洗髓功法还以中医的"气、血、精、髓"理论为基础，强调"精、气、神"不外露，要内藏修炼，只有将"精、气、神"深藏在身体内，才能够延年益寿。

2. 僧稠创拳

僧稠是少林高僧跋陀（bá tuó）的弟子。有一种说法是，僧稠初入少林的时候，由于身体瘦弱，经常在角力游戏中被其他僧人欺负。于是，僧稠便苦练武功，加上其悟性极高，很快便练得一身超常的好本领。他能够飞檐走壁，甚至连百兽之王的老虎对他都有所忌惮。

关于僧稠创拳，还有一种说法，说是僧稠俗姓孙，在入寺之前就已经是一个武林高手，等到他接任少林寺住持之后，便开始广泛地引导僧人进行武术训练。但要问僧稠的武功是从何处学得，却是无人知晓。因而后世的人们常把僧稠也作

张萱《角力》

为少林武术的创始人之一。

3. 民间拳法的吸纳与融合

无论是达摩创拳还是僧稠创拳，关于少林武术的起源，更为可信的说法是：少林武术其实是历史上众多高手的功夫汇集融合而来的！事实上，任何一个门派的功夫都不可能是某一个人凭借一时的想法而创立的。在历史的长河中，少林武术的发展与不少杰出人士来到少林，长期殚精竭虑地吸收、综合各种功夫精华，不断发展、创新出具有少林禅宗特色的功夫有着必然的联系。例如明代抗倭名将俞大猷（yóu）曾到少林寺传授棍术。

> 俞大猷，明代抗倭名将，字志辅，号虚江，福建晋江（今泉州）人。少好读书，知兵法，世袭百户。先后师从于棍法大师李良钦等人，他本人的武艺更是集诸大家之精华，著有《剑经》（实际上记载的是精妙的棍法）一书。嘉靖二十八年（1549年），倭寇入侵后，他转战江、浙、闽、粤等地，战功累累，与戚继光齐名。

相传明代有一个叫李良钦的人，他早年得异人传授，精通少林棍术。李良钦见俞大猷体格健壮，具有习武慧根，便欲教其少林棍术。俞大猷欣喜若狂，拜入李良钦门下学习棍术。经过多年的勤学苦练，徒弟的功夫悄然间已胜过了师父，真可谓"青出于蓝而胜于蓝。"俞大猷将所学棍术融入战场，极大地提高了棍术的实用性。

一次，俞大猷途经嵩山少林寺，见少林寺僧正在演练棍术，不觉感叹："此并非真正的少林棍术，与我所学棍术相差甚远。"对此种现象，俞大猷心中大为疑惑，便前去请教少林寺住持小山上人。小山敬重俞大猷是抗倭名将，便召集精通棍术者千余人演练少

俞大猷塑像

林棍术，想借寺僧精湛的棍术演练消除俞大猷将军心中的疑惑。可演练结束之后，俞大猷提起棍来，说道："我也曾拜师学得少林棍术，不过与你们所演练棍术大有差别，在下在此演练一番，还请不吝赐教。"于是他在众僧面前展示了自己的棍术，这棍术演练得快速刚猛、虎虎生风、攻守兼备，众僧看得目瞪口呆。最后，众僧恳请俞大猷将此棍术传授给少林，俞大猷见众僧是真心想学，便答应传授给宗擎（qíng）和普从两人。两人尽得俞大猷真传之后才回到少林。自此多年以后，少林棍术方名动天下。

随着时间的推移，少林寺声名远播，各地的武林高手、英雄豪杰纷纷慕名而来，以武会友，切磋武艺，促进了少林武术的发展。少林寺僧博采百家精华，将少林武功发扬光大。至于少林武术究竟从何而来，今人已难以知晓。不过，经过千年的发展，时至今日，少林武术早已名扬海外，少林派成为中原武林的集大成者更是不争的事实。

（二）少林寺的壮大

少林寺本是佛教徒修心参禅的清静之地，应以参悟佛理为目的，而非以打斗、争胜为目的。可当今的少林寺更多的是以武术闻名中外。那么，应该是佛门清静之地的少林寺为何会习练以打杀为目的的武术呢？

1. 从十三棍僧护秦王说起

隋末唐初，隋朝将领王世充占领洛阳自立为郑王，称霸一方，企图与李唐王朝分庭抗礼。郑王（王世充）封自己的侄子王仁则为领兵大元帅，并令

其屯兵于洛阳城郊的柏谷坞，与自己坐镇的洛阳城遥相呼应。要知道，这柏谷坞本是隋文帝赏赐给少林寺僧作为田产之用的，而今却被王仁则霸占并作为军事要地，这给少林寺带来巨大的经济损失不说，还时刻威胁着少林寺的安全。再说这叔侄二人残暴不仁，搞得民不聊生。少林寺僧早有反抗之心，无奈数十武僧又怎么能敌得过对方的千军万马呢！

唐武德三年（公元620年），唐高祖李渊派兵征讨王世充，这个消息激发了少林寺僧的反抗之心。当时负责征讨王世充的唐军统帅是秦王李世民，秦王深得民心，一路过关斩将，给了王世充的军队以沉重的打击。可就在这时，另一强大的割据势力首领窦建德率领十余万兵马准备援助王世充，这使得李世民的征讨计划陷入僵局。在此危急之时，少林寺僧决定助秦王一臂之力。某日，少林武僧志操、惠锡、昙宗等十三人夜袭郑营，生擒王仁则并献于秦王，这就是历史上有名的"十三棍僧护秦王"的故事。20世纪80年代，风靡全球的电影《少林寺》就是根据这个题材改编而来的。

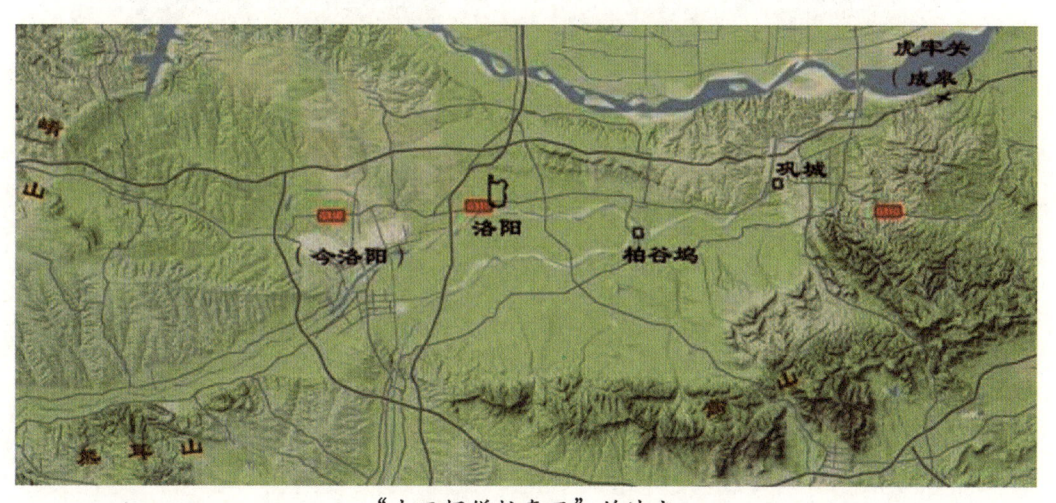

"十三棍僧护秦王"的地点

始建于北魏太和十九年（公元495年）的少林寺，发展到隋文帝时已是拥有百顷良田和庞大寺产的大寺。为了保护自身及庙产的安全，在兵荒马乱的年代，僧人习武自然也属正常。

后来李世民当了皇帝，感怀于少林寺"十三棍僧"相助有功，不仅对相关的寺僧加以恩赐，还惠泽了整个少林寺，赐少林寺田地四十顷，恩准少林寺养僧兵，准许其在全国各地建十所分院，福建莆田少林寺就是在那个时候

建成的。至此，少林寺开始走向繁荣昌盛，逐渐成为中原武林第一大门派。

《十三棍僧救秦王》壁画

2. 从僧兵平海盗、抗倭说起

相传，唐朝初年，四海虽已平定，但福建沿海地区海盗猖獗，沿海一带民不聊生。唐王李世民命已敕封为大将军的昙宗方丈率僧兵到沿海剿灭盗贼。于是，昙宗便率道广、僧丰和僧满三人，带五百僧兵前往福建沿海，最后剿灭海盗，平定了海乱。与此同时，昙宗等人在当地收下不少禅宗弟子，经太宗皇帝恩准，便在福建莆田建起了南少林寺。"寺因武显，武以寺名"，南少林寺便成为了南拳的发祥地。当时，此寺武风极为盛行，并广泛流传于民间。千百年来，南少林武功与北少林功夫同样远播五洲，名扬四海。

到了明末清初，沿海倭寇横行，烧杀抢掠无恶不作。朝廷考虑到南少林毗邻海边，且寺中有武僧，认为其有能力与倭寇相抗衡。因此，南少林寺曾多次被政府征调，参与抗倭等战事并屡建功勋。但这并不意味着少林僧兵就天下无敌了，在抗击倭寇的初期，少林僧兵以其拳勇曾给倭寇以狠狠的打击，打了不少胜仗，到了后来，僧兵因为缺乏谋略和战术指导思想，导致在与倭寇的战斗中损失惨重。

据《日知录》《吴淞甲乙倭变志》记载，明朝嘉靖年间，武僧月空曾率领僧兵三十余人，开赴前线抗击倭寇，武僧持七尺铁棒击杀大量倭寇。在救援被倭寇劫持的百姓的过程中，他们误中倭寇的埋伏，三十多名武僧全部战死沙场，在少林僧兵抗倭史上写下了可歌可泣的一页。

"僧兵抗倭"不仅揭示了少林僧兵武功高强的事实，而且还体现了少林寺武术已经形成一定的规模。僧兵在抗倭战争中奋勇杀敌的表现，使得少林功夫在中国武术界的权威再次得以确立。

（三）少林派的拳种体系

当今的少林，不仅仅是指嵩山少林寺，它还包括了福建少林、广东少林、峨眉少林、武当少林等。少林派武功也不再单纯是指少林寺功夫，而是指以少林寺武术为代表的整个外家功夫的集大成者。时至今日，少林派已衍生出"三大家""四大门"。

"三大家"是指红家少林、孔家少林、俞家少林；"四大门"是指大圣门、罗汉门、二郎门、韦驮门。

少林武术拳种内容丰富、套路繁多。少林拳法有一百七十二种之多，功法的练习方式号称有"七十二绝技"，擒拿、格斗、卸骨、点穴、气功等各类功法套路有一百多套，若加上兵器（武

术器械）就更是数不胜数了。少林原生态的武术包括十八罗汉手、少林五拳（龙、虎、豹、蛇、鹤）、三十二式长拳、易筋经等。吸纳与融合了民间武术的少林功夫，包括八极拳、劈挂拳、通臂拳、戳脚、华拳、查拳、洪拳、猴拳、螳螂拳、醉拳、咏春拳等门派拳法。总的来说，少林武功博大精深、难以穷尽。

若从拳种的演练风格来看，少林武术的特点主要是刚劲威猛、拳打一条线、一力降十会。但若论少林派武术最核心的特点，那便是"禅武合一"。在佛教文化环境中的少林武术，更多的是以武参禅，在武术演练中寻求内心的平静。

少林武僧练武

（四）今日之少林

当20世纪80年代红极一时的电影《少林寺》扬名海内外后，一股"少林功夫热"席卷了全世界，少林武功更加为世人所了解与看重。此后，国内外武术爱好者都慕名来到嵩山少林寺学习功夫，这又促使少林功夫焕发出新的活力，得到了快速的发展。

如今，提起中国功夫，人们首先想到的就是少林功夫，在中国，已没有

哪个流派的声誉盖过少林。人们对少林武术赞叹不已，都渴望前往少林寺一窥少林功夫的全貌，甚至希望自己能够习得少林功夫，少林功夫的影响力可见一斑。如今，少林武术已经成为中国武术走向世界的代表拳术之一。

1982年版电影《少林寺》剧照

武僧一龙

武僧一龙是中国当代将传统武术与自由搏击成功结合的第一人，他将少林功夫的实战价值发挥得淋漓尽致。在无数次的比赛中，他经历着挫折、承受着伤痛，最终完成了从民间高手到世界拳王的蜕变！在一次次国内外的比赛中，都彰显出他顽强拼搏、自强不息的精神，影响了一代搏击人。他是《武林风》擂台上出国征战、为全球观众奉献最多比赛的搏击明星！《武林风》还特别为其设立了一个最佳贡献奖，以此来表彰一龙在传播中国功夫、推进竞技武术国际交流方面取得的卓越成就！

第二章 传统武术门派

二、以柔克刚的武当派

"南尊武当，北崇少林。"武当派发源于道教圣地武当山，始于宋朝，兴盛于明清，在中华武术史上有着举足轻重的地位。少林武术"主以搏人，以刚为主"，为外家拳；武当武术则讲究"以静制动、以柔克刚、以弱胜强"，被定性为内家拳，以别于少林武术。少林武术因注重"禅武合一"而被称为佛教的武术派别，而武当武术因承载着道教文化而被称为道教的武术派别。

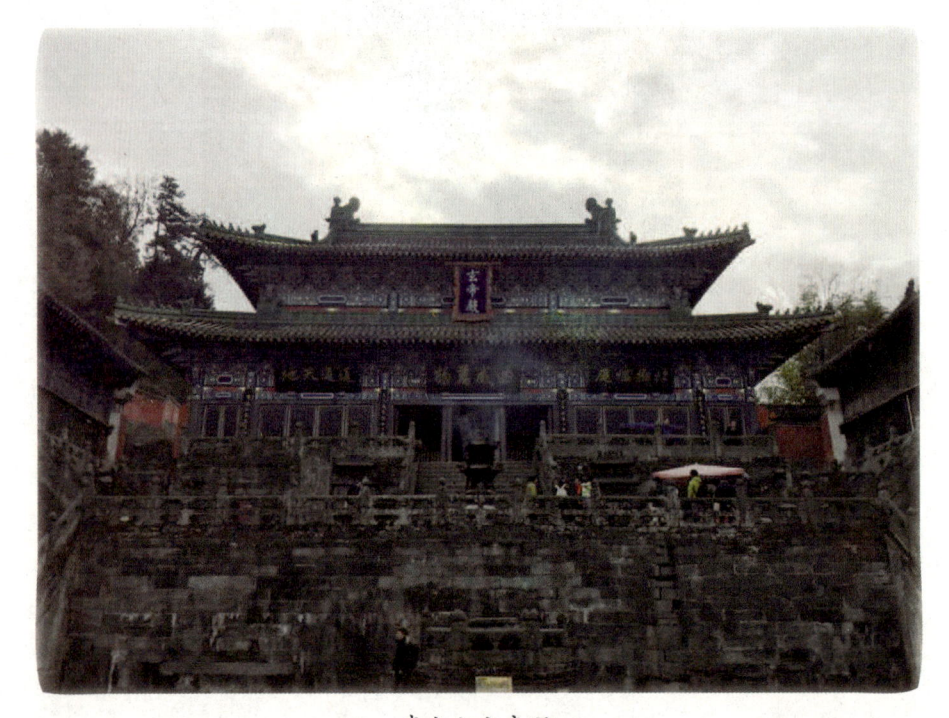

武当山玄帝殿

武当山，古有"太岳""玄岳""大岳"之称，是武当武术的发源地。武当山雄踞湖北省西北部十堰市丹江口境内，奇峰竞秀，风景秀丽，胜似五岳，素有"天下仙山"之称，为道教名山。

（一）武当派的特点

武当派是一个本土文化（道教）与本土武术完美融合的门派。武当武术汲取中国传统养身的精髓，集武术技击之大成，把古代太极、阴阳、八卦、五行等哲学理论运用于练功原则和技击方法中，以松沉自然、外柔内刚的独特风格自成体系。

武当为内家之宗，这是当代武林的共识。武当武术以强筋健骨为目的，注重内功的修炼，以养身为首，防身为要；动作讲究以柔克刚、以静制动、以慢击快、舒缓沉稳、柔和自然、圆润贯通；主张借力打力、四两拨千斤、后发制人的打法；追求清静无为、随心所欲的境界。

武当派的拳种包括太极拳、形意拳、八卦拳、武当太乙五行拳、太和拳；武当武术的器械首推武当镇山之宝武当剑、六合枪与松溪棍，此外还包括玄武棍、三合刀、方便铲等。武当剑法有着"天下第一剑"的美称。武当派的内功有"洗髓金经"六式（金狮夺毛、凤点头、风摆荷叶、左缠金丝、右缠金丝、刀劈华山），功法主要包括活气功（类似"铁布衫"）、血功（重在养身）和打穴功等。

武当剑法

（二）武当派创始人——张三丰

武当派中有张三丰这样一位传奇人物，相传他是武当派的创始人。据说张三丰活了上百岁之久，开创了刚柔相济的太极拳，被尊为武林泰斗。关于张三丰创太极拳，历史上众说纷纭。

1. 观鹊蛇争斗创拳说

有一种说法是，张三丰原本学习少林功夫，精通少林精髓五拳十八式，并将其融合于十段锦长拳之中。后来，张三丰偶然间观得"鹊蛇争斗"的场面而悟出以静制动、以柔克刚的拳理，进而对以往所学的少林功夫又加以演化，将原本主于搏击他人的方法变为御敌防卫之法，形成了与少林武术风格迥异的武当武术。

话说某日，张三丰忽然听见屋外有一鹊儿发出急促的叫声，他心中疑惑，便出来一探究竟。只见树上一只鹊儿朝地上注视着，神态急躁。朝着鹊儿紧盯的方向，正盘着一条长蛇，蛇头上昂，注视着鹊儿的一举一动。每当鹊儿上下回旋飞啄长蛇时，长蛇便巧妙地摇头闪避，使鹊儿每每扑空。鹊蛇争斗相持甚久，难分胜负。张三丰发现：鹊儿的速度虽然比长蛇要快很多，但是却不能损伤蛇分毫，这是因为在鹊儿下啄的瞬间，长蛇的闪避速度也是惊人的快。于是，张三丰瞬间悟出了以静制动、以柔克刚的道理，由是创造了太极拳法。

2. 夜梦元帝授拳说

另一种说法是，张三丰夜梦元帝授拳。相传，宋徽宗非常仰慕张三丰，便征召张三丰觐见。张三丰欣然前往汴京，由于途中道路阻塞不能前行，便就近露宿。当晚，他梦见元帝（道教尊崇的真武神君）传授给他一套拳法。第二天早上，继续赶路的张三丰被一群打家劫舍的强盗给团团围住了，张三丰用梦中元帝所授拳法，竟以一人之力打败了百余个强盗！从此，张三丰就以拳法而著称于世。

张三丰是否是太极拳的创始人？武当派是否由其开创？从古至今，这些问题一直存在许多争议。然而，张三丰是不是武当派的创始人已经不那么重要了。因为当下人们已经形成一种条件反射，提到武当派就会想到张三丰，提到张三丰就会想到太极拳、武当派，张三丰已成为武当派的一个代表性符号。

因为张三丰在道教传说中十分有名，很多门派都将张三丰作为自己门派的祖师爷。为此，竟然连张三丰所生活的朝代也出现了多个版本。根据黄宗羲（1610—1695）《王征南墓志铭》的记载，太极拳当是宋代武当丹士张三峰所创。《明史·张三丰传》中也记载："张三丰，辽宁懿州人，名全一，一名君宝，三丰其号也。"他是元末明初时的一个道士，文武双全，武功奇高。明成祖朱棣也曾为其大修武当山，修建遇真宫，塑三丰像。此时期的张三丰俨然是神仙级别的人物。民国年间，人们推崇元末明初的武当山道士张三丰为太极拳的创始人。

（三）武当派的重要传承人——张松溪

除了张三丰，我们还需要知晓武当派另一位著名人物——张松溪。张松溪自称得到张三丰的真传，他是武当派的重要传承者。据史料记载，张松溪游历江湖，融合各门派武功，最后创立武当松溪派内家拳。从以下张松溪与僧人酒楼较技的故事中，可见其功夫了得：

以拳勇冠天下的少林寺僧人听闻张松溪武功非常了得，便前往鄞县（今浙江省宁波市鄞州区）拜访张松溪，试图与张松溪切磋武艺。起初，张松溪隐藏起来不想见这些僧人，他认为比武较技容易招惹麻烦。但这时，有一少年用激将法迫使张松溪前往一试。张松溪见到诸僧在酒楼上相互切磋武艺的场景，忽然笑出声来，这时僧人们才注意到张松溪已经到达。几个僧人迫不及待地迎上前去，要求与张松溪较量一番。

张松溪万般无奈地说："如果一定要进行比试的话，一定要请里正（相当于现在的村长）前来做个见证，并且要签下生死状。"僧人应允后双方开始交战，张松溪袖手而坐，兀然不动，一僧忽地跃至半空，施展连环腿法，想要以少林绝技破其气功。张松溪仍是平心静气，只在少林僧人攻势将至的一刹那微微侧身抬手，只是转瞬之间，僧人便如同飞石一样从楼上坠下，几乎摔死。此刻，所有人都被这个场景惊得目瞪口呆，无不佩服张松溪高强的武艺。自此以后，武当拳法无人不服。

张松溪，鄞人。善搏，师孙十三老。其法自言起于宋之张三丰，三丰为武当丹士，徽宗召之，道梗不前，夜梦元帝授之拳法，厥明以单丁杀贼百余，遂以绝技名于世。由三丰而后，至嘉靖时，其法遂传于四明，而松溪为最著。

松溪为人，恂恂如儒者，遇人恭敬，身若不胜衣，人求其术，辄逊谢避去。时少林僧以拳勇名天下，值倭乱，当事召僧击倭，有僧七十辈，闻松溪名，至鄞求见，松溪蔽匿不出，少年怂恿之，试一往。见诸僧方较技酒楼上，忽失笑，僧知其松溪也，遂求试。松溪曰："必欲试者，须召里正约，死无所问。"许之，松溪袖手坐，一僧跳跃来蹴，松溪稍侧身，举手送之，其僧如飞丸陨空，堕重楼下，几毙，众僧始骇服。

尝与诸少年入城，诸少年闭之月城中，罗拜曰："今进退无所，幸一试之。"松溪不得已，乃使诸少年举圜石可数百斤者累之，谓曰："吾七十老人无所用，试供诸君一笑，可乎？"举右手侧而劈之，三石皆分为两，其奇异如此。

——清·曹秉仁《宁波府志·张松溪传》

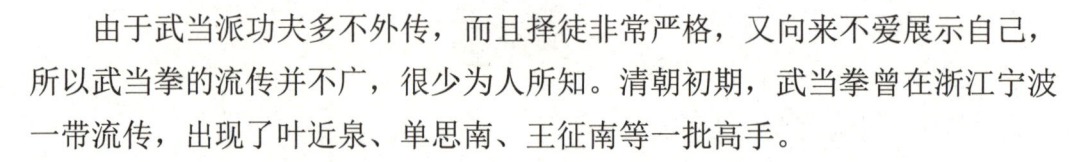

由于武当派功夫多不外传，而且择徒非常严格，又向来不爱展示自己，所以武当拳的流传并不广，很少为人所知。清朝初期，武当拳曾在浙江宁波一带流传，出现了叶近泉、单思南、王征南等一批高手。

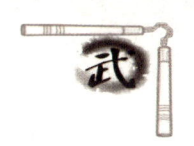

三、闻名遐迩的峨眉派

峨眉派得名于佛教四大名山之峨眉山。峨眉武术深受道教、佛教的宗教文化，以及四川独特的民风、民俗等地域文化的影响，融合各派武术之长，经过长期发展，成为独具特色的武术流派，在我国西南一带有着举足轻重的地位。

（一）带有女性色彩的峨眉派

峨眉武术的发祥地——峨眉山

现实中，人们对中土武术三大宗之一的峨眉派武术的印象并没有那么美好，几乎所有的人都是从影视作品或者武侠小说中知晓峨眉武术的。在金庸先生的小说《倚天屠龙记》中，大侠郭靖的女儿郭襄创立了峨眉派，经风陵师太后传至第三代灭绝师太的手中。小说中对灭绝师太及其弟子周芷若的人物形象刻画深入人心，导致峨眉派烙上了女性、阴险、邪恶的印象，峨眉派

在武侠世界中的名声也因灭绝师太等人而尽毁。小说毕竟是包含了作者虚构、想象的成分，郭襄、灭绝师太、周芷若等人也都是金庸先生虚构出来的人物，真正的峨眉派究竟是怎样的呢？

事实上，峨眉派武术绝大多数还是以男性弟子练习为主，据《乐山市志》记载，明清两代乐山就有武进士、武举人167人。在近代史上，峨眉派就曾涌现出一批保家卫国的英勇男儿。如在1935年，蒋介石曾在峨眉山下通过摆擂台的方式选拔军官，当时就有很多峨眉派弟子参加了擂台赛，而且最终通过了选拔。由于峨眉军人个个身怀绝技、朝气蓬勃，蒋介石顿感热血沸腾，随手写下了精忠报国四字以激励全军将士，目前这块匾额仍悬挂在保国寺内。抗日战争全面爆发之后，那些被选拔上的峨眉派弟子都随军上了前线，为保卫国家和民族尊严流尽热血。

"精忠报国"匾额

人们对于峨眉派的印象也不能完全归咎于小说对人的误导，峨眉派的一些武器和功法的确会让门外人产生疑惑，比如峨眉刺、玉女拳、玉女剑。拿峨眉刺来说，它短小精悍，形似女性的发簪，看上去像是为女性量身打造的武器，但其本质只是为了方便近距离搏斗且容易携带。至于玉女拳，现在的确是以女性修习者为主，但在起初，它只是一种拳

峨眉刺

法，并无男女之分。峨眉剑术里面的动作名称和内容也都比较女性化，比如"素姬挥笔""西子洗面""越女追魂""素女掸尘"等。

武术界一般认为：少林主于博人，刚劲威猛，被称为外家拳术；武当以内功见长，以静制动，柔和自然，被称为内家拳术；而峨眉派的特点则是介于两者之间，力求内外并重、刚柔兼备。

（二）峨眉武术的体系

峨眉武术动静相兼，动功有"峨眉十二庄"，分为天字庄、地字庄、之字庄、心字庄、游龙庄、鹤翔庄、旋风庄、拿云庄、大字庄、小字庄、幽字庄、明字庄。静功有六大专修功，分为虎步功、重捶功、缩地功、悬囊功、指穴功、涅磐功。其中，尤以指穴功——三十六式天罡指穴法最有威力，它既可以按摩治病，又可以防身制敌。

除拳术和气功之外，峨眉武术还包括三大器械：柔美峨眉剑、精巧峨眉刺、多变峨眉枪。其中峨眉枪枪法多变、威力无穷。明代中期，峨眉枪的枪法曾经独步天下。但由于峨眉武术很少"走出门"，以至于人们对峨眉武术的了解越来越少。

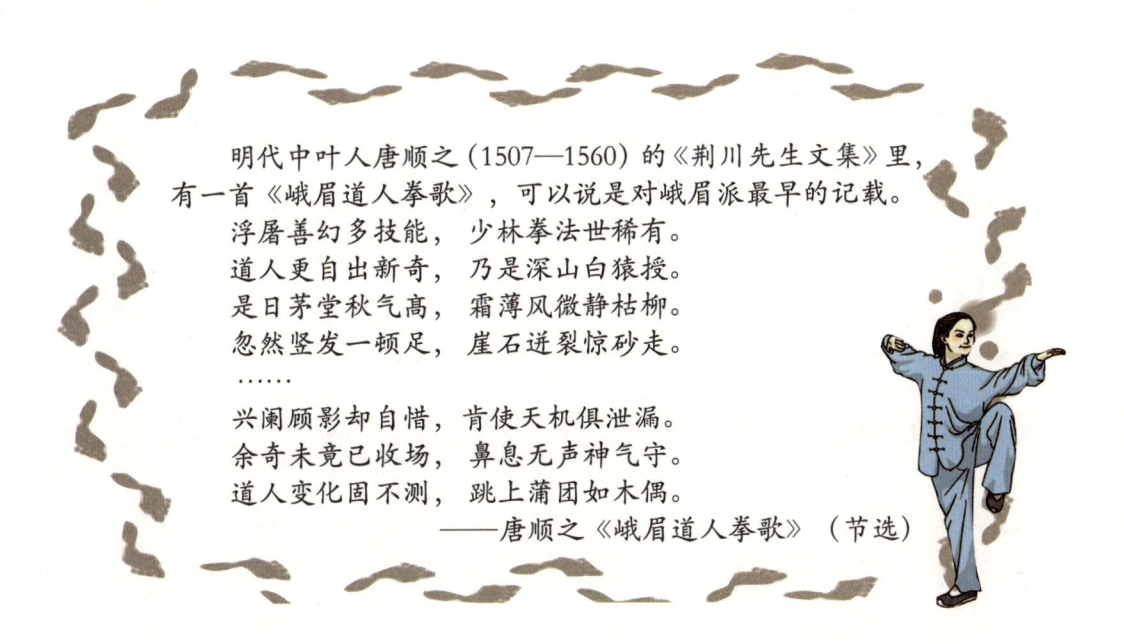

明代中叶人唐顺之（1507—1560）的《荆川先生文集》里，有一首《峨眉道人拳歌》，可以说是对峨眉派最早的记载。
浮屠善幻多技能，少林拳法世稀有。
道人更自出新奇，乃是深山白猿授。
是日茅堂秋气高，霜薄风微静枯柳。
忽然竖发一顿足，崖石迸裂惊砂走。
……
兴阑顾影却自惜，肯使天机俱泄漏。
余奇未竟已收场，鼻息无声神气守。
道人变化固不测，跳上蒲团如木偶。
——唐顺之《峨眉道人拳歌》（节选）

（三）峨眉派的发展脉络

1. 白猿祖师创"峨眉通臂拳"

关于峨眉派武术的起源，最早可追溯到战国时期。当时由于战乱，不少隐士和异人都避乱于峨眉山，其中就有一位叫司徒玄空的。据《乐山市志》和《四川武术大全》记载，峨眉武术的创始人就是司徒玄空。

司徒玄空号动灵子，不知何许人也。他擅长技击搏斗术，传说他经常观察峨眉山上的灵猴，并根据灵猴的动作形态，模仿、创编了一套灵巧且具有攻防特性的"峨眉通臂拳"和"猿公剑法"。此后，这些套路被流传下来，成为峨眉武术最早的表现形式。因为司徒玄空经常穿着白衣，所以后人称他为"白猿祖师"。

2. 白云禅师创"峨眉十二庄功"

峨眉武术正式创宗立派应当是在南宋建炎年间（1127—1130年），创始人为白云禅师。白云禅师原为道士，后来皈依佛门临济宗。据说白云禅师精通内功，熟悉人体经络，他将阴阳虚实和人体盛衰的机理与武术中的动静功法相融合，寓内功、导引、按摩术、点穴、布气、针灸于功法中，融养身、医疗、技击为一体，创造出了一套独具特色的武术内功，后人称为"峨眉十二庄功"。此功分为文武两势和大小两种练形法。练文势和小练形法，主要能祛病强身；练文武两势和大练形法，既能诊治疾病，又可防身御敌。

临济宗规定此功只能在宗内密授，不得外传，故民间知之甚少。康熙元年（1662年），湖北麻城孝感武举姜一怀来峨眉山拜金顶朝天和尚为师，得"峨眉十二庄功"真传，后姜一怀落户于南充，传此功于后代。1939年，有四川成都人周潜川患病无治，渐至卧床不起，后经峨眉山高僧永严法师医治病愈。周潜川于是拜永严法师为师，永严法师便将峨眉十二庄功及医术精

要尽数传给了周潜川。周潜川得真传后著有《峨眉十二庄释密》，详细阐述了十二庄功的练功秘要。

3. 白眉道人创"白眉拳"

与白云禅师生活在同一时期的，峨眉山上还有一位德源长老，由于他眉毛纯白，人们尊称其为"白眉道人"（"道人"是指得道之人，德源长老为僧人，而非道士）。德源长老擅长模仿猿猴，他根据猿猴腾跃翻滚的动作编出一套猴拳，后来人们称之为"白眉拳"，一直流传至今。

不管是少林、武当还是峨眉，这中土武术三大宗的内容无不博大精深，本书所能描述的不过九牛一毛。但不管它们在千年以前究竟是什么模样，创造过什么，至今它们的传奇地位都无法撼动。

清末，太平天国翼王石达开的随从何崇政，兵败后隐居于峨眉山研习峨眉武术，撰写了《峨眉拳谱》。他在开篇写道："一树开五花，五花八叶扶。皎皎峨眉月，光辉满江湖。"这里的"五花""八叶"就是现在峨眉派两种著名的门派分类方法。"五花"是从地域角度将峨眉派分为黄陵、点易、青城、铁佛（云顶）和青牛五大支派，"八叶"则是从技击风格的角度将峨眉派分为僧门（据说传自少林僧人）、岳门（据说由岳飞所传）、赵门（据说为赵匡胤所传）、杜门（以传说中诸葛亮八阵图之"杜门"而得名）、洪门（相传以明太祖洪武年号而得名）、化门（又称"蚕闭门"）、字门（因收势摆成字形而得名）、会门（又称"慧门"）八大门。据了解，除字门弟子较少外，其余七个门派到目前仍各有一定数量的传人。

第三章 丰富多彩的武术拳种

一个拳种的形成，与其所处的地域和民族风俗有着莫大的关系。中国地域广阔、民族众多，由此而形成的中国武术拳种也是丰富多彩的。从1979年开始，国家体育委员会开始展开全国（除港澳台地区）武术遗产的挖掘与整理工作，至1986年，初步查明各地"源流有序、拳理明晰、风格独特、自成体系"的拳种大致有129个。这其中就包含了为大多数人所熟知的太极拳、形意拳、八卦掌和咏春拳，接下来，我们便以这四个拳种为例，让读者一窥中国武术拳种的神奇与奥妙。

一、刚柔相济的太极拳

人们在影视剧中常会看到这样的镜头：太极拳高手看似轻轻的一推一送，便使力大无穷的对手像树叶一样被打飞了；在现实生活中，还有人认为真正的太极高手应当可以用"气"将人打倒。那么，真正的太极拳究竟是怎样的呢？

（一）太极拳的秘密

所谓的太极拳，乃是近代习武者在与他人实战过程中，思考怎样借用对手的劲，让对手处于背势而自己处于顺势，能够使用最小的劲而产生最大战果的格斗技术。简单来说，太极拳就是训练怎样"以柔克刚"地、更巧妙地打人的武术。实际上就是要在实战中实现"四两拨千斤""借力打力"的目的。

其实，"四两拨千斤"就和阿基米德的杠杆撬地球学说一样，它真正要表达的含义是：太极拳可以通过化力、借力打力的方式，达到以"小力牵动大力"的目的。而要实现这一目的，就必须具备良好的听劲与化劲的能力。

一般来说，当太极拳练习到一定程度时，就可以使身体的感知能力非常灵敏，正如王宗岳在《太极拳论》中所说的"一羽不能加，蝇虫不能落"，"听劲"功夫非常之高。而化劲就是将对方的来力化解掉，"听劲"和"化劲"几乎是同时进行的，在感知对方来力的大小、方向和速度的同时，将对方的力量为我所用，就能起到"四两拨千斤"的效果，这也就是太极拳的借力打力了。

听劲与化劲——杨露禅之"鸟不飞"绝技

据传，清代太极高手杨露禅有着"鸟不飞"的绝技，就是说一只麻雀在他手上，每次想振翅起飞时，杨露禅就会向下沉手，将麻雀的力道化解，这样麻雀总是飞不出杨露禅的手心。我们都知道，无论何种雀鸟，必先蹬腿才能飞。而杨露禅的掌法用力忽隐忽现，他通过敏锐的感知能力判断麻雀蹬腿时力量的大小和方向，同时往麻雀蹬腿相反的方向变化掌力，从而将麻雀蹬腿起飞时的力量化解掉，这样麻雀就不能借助蹬腿的反作用力起飞了。

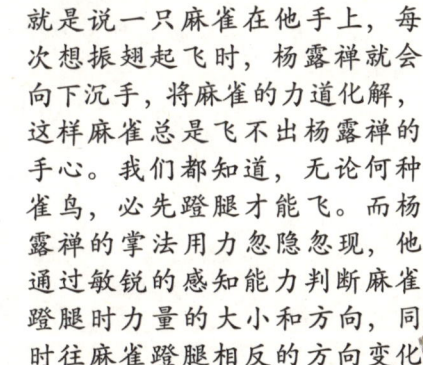

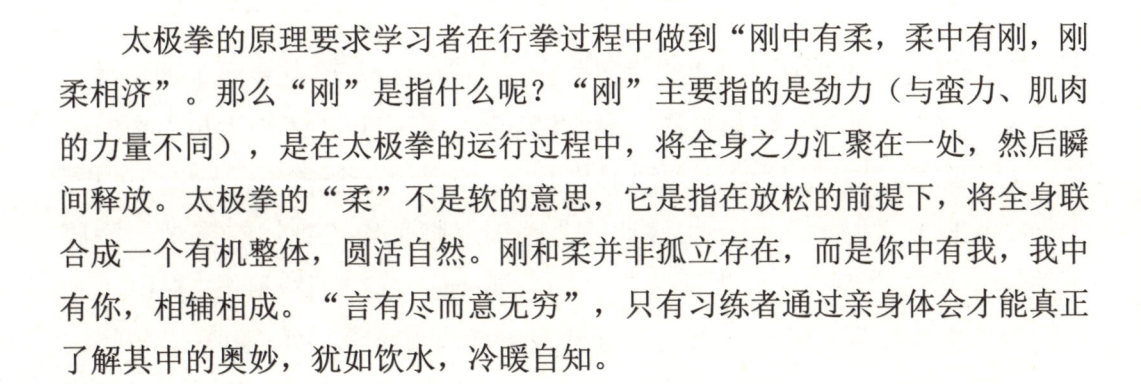

太极拳的原理要求学习者在行拳过程中做到"刚中有柔，柔中有刚，刚柔相济"。那么"刚"是指什么呢？"刚"主要指的是劲力（与蛮力、肌肉的力量不同），是在太极拳的运行过程中，将全身之力汇聚在一处，然后瞬间释放。太极拳的"柔"不是软的意思，它是指在放松的前提下，将全身联合成一个有机整体，圆活自然。刚和柔并非孤立存在，而是你中有我，我中有你，相辅相成。"言有尽而意无穷"，只有习练者通过亲身体会才能真正了解其中的奥妙，犹如饮水，冷暖自知。

太极拳主要包含八种劲：

掤：一种向上向外的力，用于阻滞对方的进攻，如玉女穿梭动作中单手向上的托架。

捋：用于借力向后引力，如杨式太极拳中揽雀尾的第二个动作。

挤：用于排挤对方，使对方失去平衡而离开原来的位置，如杨式太极拳中揽雀尾的第三个动作。

按：用手下按，以抑制对方前进的攻击，虽是以手下按，但是依然贯以全身之劲，如杨式太极拳中揽雀尾的第四个动作。

采：用自己的单手由上而下的牵引动作，或是稍微下沉随即上提的小动作。搂膝拗步动作中前手为按，后手为采。

挒：以侧掤之劲破坏对方平衡。野马分鬃中前手为挒，后手为采。

肘：以肘尖击人，或者用靠近肘尖的前臂部分阻挡他人进攻，如陈式太极拳中的退步压肘。

靠：以肩、背、胯的外侧击人，如四十二式太极拳中的马步靠。

太极拳是一个大的集合体，至少包含陈、杨、吴、孙、武这五大流派，每个流派所传的太极拳套路数之不尽，如果细化到每一个动作，更是千姿百态，但是太极拳动作中所包含的拳理却是一定的。

（二）太极拳的拳理

太极拳主要是以中国古代的"阴阳学说"为理论基础发展而来的拳种，所以练习太极必须明白阴阳之理。通常情况下，我们在讲述"太极"之时，常以太极拳的起势为例，原地双脚并步站立，称为"无极桩"，无极而太极。无极（太极）之时，人是无法移动的，因为双脚平均了身体的重量。两脚由并步分开，称为"太极生两仪"，即一阴一阳。在脚移动的过程中，一定是先把重心移到其中一只脚上，让两只脚形成虚（阴）实（阳），如此，"虚"脚才可以移动，阴阳在此可以转化。太极拳在演练的过程中，无时无刻不注重虚实（阴阳）的转换。

阴阳本来是指自然界中明暗的现象，西周末年开始以阴阳二气来解释自然变化。春秋战国时期，有人认为阴阳是宇宙间两种独立的基本因素或属性，任何事物都可以用阴阳来进行划分，如运动着的、上升的、温热的、明亮的都属于阳；相对静止的、下降的、寒冷的、黑暗的都属于阴。阴阳学说认为，阴阳二者之间既对立制约，又不是静止不变的，它们可以在运动中相互吸引、相互转化，是两种互相消长的对立力量，可以用来说明事物变化的规律。

中国古代哲学家认为，宇宙间一切事物的变化都是阴与阳相互作用的结果。《易经》的核心理论就是"一阴一阳之谓道"，以阴阳来说明万物构成的根本原理。如荀子所说："天地合而万物生，阴阳接而变化起。"

单从"太极拳"之名便可知太极拳蕴含了深刻而丰富的阴阳哲理，这种阴阳对立、相互统一、相互转化的辩证思想亦可用来解析太极拳技法中的虚实、刚柔、动静等拳理。

（三）太极拳的源流

清康熙时，河南温县陈家沟的陈王廷根据戚继光的三十二式长拳创编了陈式拳法。后随着时代的变迁，原本的陈式拳法逐渐发展、衍生为当前太极拳五大流派。陈式太极由陈王廷开始自成一流派；随后，杨露禅师从于陈式拳法传人陈长兴（陈氏十四世孙），创杨式太极拳；吴全佑学拳于杨班侯（杨式第二代传人），并与其子吴鉴泉在杨式太极的基础之上加以改编，形成吴式太极拳；与杨露禅为同乡的武禹襄曾向杨露禅学习过陈

```
                    陈王廷
                       │
          ┌────────────┴────────────┐
     十四世孙陈长兴              十五世孙陈清平
          │                           │
     杨露禅（杨式              武禹襄（武式
     太极拳创始人）            太极拳创始人）
          │                           │
     杨班侯传吴全              郝为真
     佑之子吴鉴泉                    │
                                孙禄堂（融合
                                形意、八卦、
                                太极）
```

太极拳流派谱系图

式太极拳，后来武禹襄又亲自前往陈家沟跟随陈清平学习赵堡太极拳，最后自成一派，形成武式太极拳；孙禄堂在机缘巧合之下，从郝为真处习得武式太极拳，又融合自己习练的形意、八卦，最后形成孙式太极拳。

吴式太极拳与武式太极拳

吴式太极拳的创始人是吴鉴泉，他的父亲吴全佑先后跟随杨露禅、杨班侯父子学习太极拳。在父亲的教导下，吴鉴泉继承家学，对家传太极拳进行了补充和修改，去掉重复和跳跃的动作，逐渐形成以柔化为主的吴式太极拳。吴式太极拳功架紧凑，架式小巧柔和，动作轻松自如、连绵不断、快慢相间、安静自然，在轻松中有所紧凑，在紧凑中又不失轻松，很符合太极阴阳理论。

武式太极拳是河北永年人武禹襄根据自己的练功感悟，在陈式太极拳和赵堡太极拳的基础上创编而成。武式太极拳拳式小巧紧凑，能够因敌变化、借力打人，集防身、健体、修身为一体，很适合文人练习。因其不注重外形招数，而是重视内劲，所以显得朴实无华，也被称为"干枝老梅"。

（四）太极拳的流派简介

1. 太极拳之宗——陈式太极拳

陈式拳法的由来——陈王廷造拳

陈王廷自幼习武，深得家传，对拳械尤其精通。陈王廷武艺高强、为人正直，年轻时曾在山东一带走镖，令匪寇闻风丧胆。因为他的面色比常人红润，还蓄有美髯，走镖时经常骑着红色的马匹，因此被江湖中人称为"二关公"。

陈王廷生活的年代是时局动荡的明末，他生逢乱世，怀才不遇，纵然武艺精湛，也不过是个小小的武庠生，就担任过县乡兵守备等职。明朝覆灭后，陈王廷写了这样一首词：

"叹当年，披坚执锐，扫荡群氛，几度颠险！蒙恩赐，枉徒然！到而今，年老残喘，只落得《黄庭》一卷随身伴。闷来时造拳，忙来时耕田，趁余闲，教下些弟子儿孙，成龙成虎任方便……"

陈王廷晚年隐居，以造拳、教拳自娱。他在祖传拳术的基础上，博采各家武术之所长，并结合《易经》中的太极、阴阳之理，参考中医经络学说及导引、吐纳之术，最终创造出了一套阴阳结合、虚实转换、快慢相间、刚柔并济的陈式拳法。

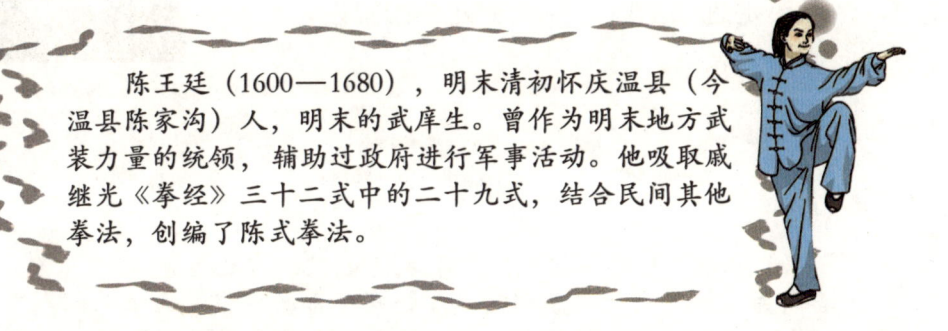

> 陈王廷（1600—1680），明末清初怀庆温县（今温县陈家沟）人，明末的武庠生。曾作为明末地方武装力量的统领，辅助过政府进行军事活动。他吸取戚继光《拳经》三十二式中的二十九式，结合民间其他拳法，创编了陈式拳法。

"牌位大王"——陈长兴

陈式太极拳传到陈长兴时，得到了快速的发展。陈长兴自幼跟随父亲学习拳法，太极拳及器械都练得出神入化。据说当时村子里有表演，但不设置座位，身强力壮的人都往前挤。陈长兴就站在戏台前看戏，无论周围数百人如何推挤，他始终是岿然不动，凡是靠近他的人，就好像水触碰到了石头，自然而然就散开了。因此，陈长兴被人们戏称为"牌位大王"。

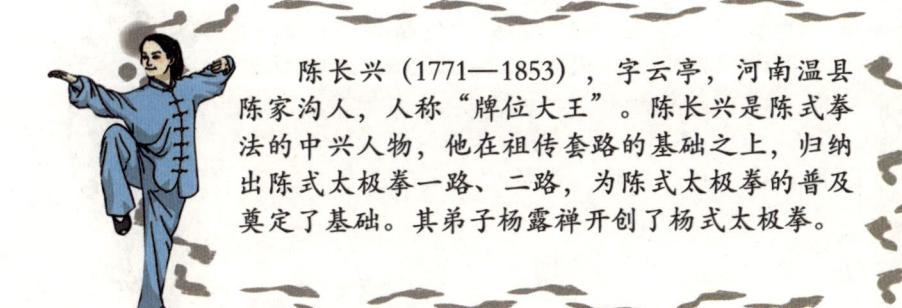

> 陈长兴（1771—1853），字云亭，河南温县陈家沟人，人称"牌位大王"。陈长兴是陈式拳法的中兴人物，他在祖传套路的基础之上，归纳出陈式太极拳一路、二路，为陈式太极拳的普及奠定了基础。其弟子杨露禅开创了杨式太极拳。

进京传拳——陈发科

在杨式太极拳已经风靡北京的时候，世人还很少知道陈式太极拳。1928年，陈式传人陈发科先生应邀来到北京传拳，他"挨着何处何处击，将人击出不见形"的高超技艺为北京武术界所叹服，从而在北京站住了脚，开始在北京传拳。

2. 传世最广——杨氏太极拳

杨露禅师从陈式拳法传人陈长兴。道光二十二年（1842年），时任刑部四川司员外郎的同乡武汝清引荐杨露禅到北京教拳，太极拳自此开始从农村走进了城市，由城市走进了王府，并逐渐向全国辐射，直至当今已经遍及世界。

杨露禅

杨露禅（1799—1872），原名杨福魁，河北省永年县南关人，杨式太极拳创始人。杨露禅自幼好武，为学好太极拳，只身前往陈家沟，拜陈长兴为师学习陈式老架太极拳，前后达18年之久，三次往返，徒步跋山涉水5 000余里，至今仍有"杨露禅三下陈家沟"的美谈。

道光年间，京师富商张翁素爱武技，在东城金鱼胡同开设"天义顺酱园"，获利丰厚，人称"小府酱张"。他家在京西，庄宅如云，屡烦挚友武汝清延请武艺出众的武师。武汝清，字酌堂，河北永年人，道光二十年（1840年）庚子科进士，时任刑部四川司员外郎。乡友杨露禅三下陈家沟学得一身绝技，汝清亦曾向他问艺，遂荐露禅到张府任职。

张翁见露禅年近五旬，状似乡民，意甚轻视。张翁问杨所习之拳能否打人，露禅答："铜铸的、铁打的、木做的不易打；此外都可以打。"张翁遂命拳师刘某与露禅相搏。刘某身高力大，功夫笃实，奉命下场，抢步上前，劈面打来，拳带风声，势如泰山。露禅等拳近身，右手引其落空，左手轻按，刘某被击出两三丈外，张翁大喜，聘杨露禅为护院教师。

3. 近代武学之丰碑——孙式太极拳

孙禄堂（1861—1933），别号活猴。完县东任家疃人（现属河北省顺平县），清末民初蜚声海内外的著名武学大家，融合形意、八卦、太极三门拳术系统，创立孙式太极拳，堪称一代宗师。

孙禄堂像

孙禄堂，孙式太极拳的创始人，融合了武式太极拳，吸收了形意拳的步法、八卦掌的身法，改编成风格迥异的孙式太极拳。

清末，俄国著名格斗家彼得洛夫根本不把中国武术放在眼里，面对年近半百的孙禄堂时，他更是不屑一顾。交战伊始，身材高大的彼得洛夫气势汹汹，透露出凶狠的目光，意在与孙禄堂拼命。孙禄堂以敏锐的目光察觉到这一切，立刻拿定主意：不能急于取胜，要激激他的性子，消耗他的体力……一段时间内，孙禄堂总是气定神闲地迎接彼得洛夫那种猛兽式的攻击。彼得洛夫使出浑身解数，用西方的技击、日本的柔术左冲右撞、上打下踢，拼命进击。孙禄堂不慌不忙，闪展腾挪，运用游身八卦连环掌同他左右周旋。彼得洛夫不一会儿便累得浑身流汗、喘着粗气。就在此时，孙禄堂抖擞精神，施展出形意拳那"起如风，落似箭"的威力，劈、崩、钻、炮，连击数拳，拳不空回，把高大粗壮的彼得洛夫打得东倒西歪，像个醉汉一样，再无还手之力。

孙禄堂天资聪颖，早年间跟随李魁元、郭云深学习形意拳，文武兼修，花了十多年时间，终于将形意拳的精髓牢牢掌握。但他并不满足于取得的成就，为了更好地理解拳与道的关系，他还跟随八卦掌大师程廷华学习武

艺，技术又精进了不少。学成之后的孙禄堂一直在全国各地游历，不断与武学同道切磋，难遇敌手。1912年，孙禄堂在北京遇到了武式太极拳的第三代传人郝为真，郝为真将自己毕生所学的太极拳精华悉数传授给他。掌握多种拳法的孙禄堂深刻认识到了各种拳理蕴含着无限的智慧，再加上他多年的武林阅历，终于，在1918年，孙禄堂将形意、八卦、太极融为一体，创立了孙式太极拳。

（五）太极拳之用

1. 太极拳的健身性

在大多数年轻人的眼中，太极拳似乎不过就是老年人的养身操。的确，太极拳平稳柔和、动作舒展大方，能调节人的情绪，让人感觉舒适饱满，长期练习可以起到修身养性的作用。但由于太极拳太过柔和、太过缓慢，需要长时间的习练，练习者才会有感觉，性情急躁的练习者难免会生发烦躁之感，因而太极拳常给人以错觉，认为它只是适合老人练习的健身术而已。事实上，太极拳是无论老少、男女都可习练的，并且只要习练者能长期坚持，必将受益终身！

大众群体在公园中练太极拳

1959年10月1日，周恩来总理在接见日本友人松村谦三的时候，对太极拳如此评价："太极拳是中国的一种优秀传统文化，内涵十分丰富，充满着哲理，与中国传统医学有着血缘关系。学太极拳是一项很好的健身运动，可以强身健体，可以防身自卫，也可以陶冶情操，是一种美的享受，可以给人们生活带来无限情趣和幸福，可以延年益寿"。

2. 太极拳的表演性

太极拳因内蕴中华传统哲学思想精粹，外显动作舒缓而大方、矫健而优美，因此现代常被用于表演。1998年，天安门广场上举行了万人太极拳集体展示，一万人在天安门广场上一招一式表演着太极拳，令人震撼。2009年，在北京奥运会一周年庆之际，在鸟巢进行了太极拳集体表演活动，当时的参演者为39 998人，创世界吉尼斯纪录，真可谓场面壮观、气势恢宏！

天安门广场万人太极拳表演

3. 太极拳的实战性

虽说当今太极拳更多是以其健身性与表演性示人，但是我们不应忘记太极拳"武"的本质。陈氏拳法的创始人陈王廷"叹当年，披坚执锐，扫荡群氛"，那是凭一身武功在战场上进行过厮杀的人，"扫荡群氛"该是多么具有英雄气概！陈式太极拳的中兴人物陈长兴曾在山东行镖，在武术界也有着较高的声誉。杨式太极拳最初在北京传拳之时，被称为"杨无敌"的杨露禅与其子杨班侯都被公认为具有较强实战能力的武林高手！孙式太极拳创始人孙禄堂曾战胜俄国著名格斗家彼得洛夫，力挫日本柔术高手板垣一雄，古稀之年的他还一举击败了日本五位格斗高手的联合挑战……无数个曾经苦练太极拳并最终身怀绝技的武林英雄，在中国武术史上都留下了可歌可泣的故事。如今，英雄虽逝，但他们保家卫国的情怀和留给后人研习的拳法都有待我们继承和发扬。

二、形神兼备的形意拳

在清代咸丰之后，形意拳得到了较为广泛的传播，历史上将形意拳、太极拳、八卦掌并称为三大著名内家拳，可见形意拳的地位也是不容小觑的。但相较于太极拳，了解形意拳的人却不多。

（一）何为形意拳

关于形意拳起源的说法有很多，相传形意拳是南宋爱国将领岳飞所创。其实这应该是假借岳飞之名而创拳。因为岳飞是宋朝名将，从政治上和民族气节上为清初那些"欲以卧薪尝胆之志，而为灭胡兴汉之谋"的武术家所景仰；他的"壮志饥餐胡虏肉，笑谈渴饮匈奴血"的豪言壮语，激励着不甘屈服的人们不断前进，因而托他之名而创造的拳种也会有更大的号召力。而真正为形意拳的创造打下基础的人是姬际可，随后才发展到车毅斋、郭云深等人。

姬际可（1602—1680），字龙峰，山西蒲州尊村人（今属山西省永济市），形意拳创始人。自幼在家塾习文练武，技勇绝伦，尤精大枪术。他的"飞马点椽子"，能够举枪不漏，人称"神枪"。姬际可为了适应徒手自卫的需要，以枪理为拳理，揣摩动物争斗之技，创编成"前后各六势"，讲究"心与意合、意与气合、气与力合、手与足合、肘与膝合、肩与胯合"的"心意六合拳"。

据《六合拳论序》记载："拳之种类不同，它端亦不知造自何人，惟此六合拳，则出自山西龙凤姬先生。先生生于明末，精于枪法，皆见以为神，而先生犹有虑焉，以为吾处乱世，出可以操兵，则执枪以自保可也；若当太平之日，刀兵鞘伏，倘遇不测，将何以御之？于是即枪法为拳法，而会其理于一本，通其形于万殊，名其为六合，约其要为前后各六势。"

形意拳基本上属于象形拳这一类别，它主要的技术动作都是模仿一些动物的捕食及自卫动作而形成，这就是我们常说的"象形取意"，它不追求形似动物，重点是要突出动物的进攻技巧与意识。

象形拳，一类是模拟各种动物的特长和形态而创造的拳，主要有螳螂拳、猴拳、蛇拳、虎拳、鹤拳等；另一类是模仿非常态下人物的形态，如醉拳等。象形拳最重要的一点是要做到"象形取意"，尤其是取意。模仿动物须领悟出动物攻击的意识；模仿人物形态，如醉拳，则须做到形醉意不醉，要把那种放松的劲力发挥出来。

形意拳从内容上可分为单练套路、对练套路和桩功等几个方面。单拳是形意拳的基本功，包括五行拳和十二形拳。五行拳由劈拳、崩拳、钻拳、炮拳和横拳五部分组成；十二形拳是模仿十二种动物的动作特征而创编的实战技法，包括龙、虎、猴、马、蛇、鼍（tuó）、鸡、鹞、燕、鲐（tái）、鹰、熊十二种动物的象形取意。对练套路主要有五行炮（也叫五行相克）、安身炮等。

（二）形意拳的特点

1. 象形取意

上文已经提到，十二形拳主要就是模仿十二种动物之长，取其特殊的技能，以此来弥补自身的不足，分别取龙、虎、猴等十二种动物之腾、扑、灵、撞、云、抖、掠、翻、惊、活、爪、猛之意，运用于形意拳拳法中，仿其法，效其技，练其功。

十二形拳源于仿生学。学习动物，其重点在于会意。例如，我们常常说的"熊蹲虎坐"，其实意在指明积蓄拳力。熊处于蹲坐这个姿态时，它的两只爪子和身体非常松软，挥出去的巴掌没有阻碍，因而能够发出非常大的力量。而对于虎坐这个状态，老虎在扑食时，后爪蹬地的一瞬间速度非常快，所以实战中要有这股勇猛的劲。再如"猫行马奔"，"猫行"说的是步法要轻盈，即两个人在交战的时候，往往是迈着轻巧的步法寻找战机，不让对方察觉到自己行进的意图。"马奔"，说的是那种势如破竹的气势，一旦有攻击的机会就该生发出犹如野马撞槽一般的气势。"鹰目猿神"说的是练武或者实战时精神集中的状态与透露出的眼神；"鸡腿蛇身"则指的是平衡力与肩、胯的灵活程度。

2. 内外相合

形意拳在行拳的过程中处处不离内外三合，"内三合"为心与意合、意与气合、气与力合；"外三合"为手与脚合、肘与膝合、肩与胯合。这内外三合使得全身的劲力合于一处，行功时动静分明、刚柔相济、内外合一。

3. 三体式

"万法出于三体式"，三体式贯穿于形意拳套路的始终，被认为是形意拳最重要的基本姿势，形意拳各种攻击和防守的技法均由三体式发出并迅速收回，有别于其他拳种。

另外，形意拳的基本拳法简洁古朴，并且易学易练，步法大多为直向的前进、跟进或后退，与人自然

孙禄堂三体式

行走的动作相近，适合人们进行学练，而且形意拳的动作具有技击性，经常练习可在关键时刻起到防身的作用。如拳谱所言"视人如蒿草，打人如走路"。形意拳名家郭云深就有"半步崩拳打遍天下"的美称。

（三）形意拳的拳理

形意拳主要运用"五行"学说中的"五行归类"和"五行相克"论述自身的拳理。

1. 形意拳的"五行归类"

劈拳的动作，符合人体徒手和使用器械所做"劈类"的动作规范，因此形意拳哲理认为劈拳具有金属器具使用时的特点，把劈拳定性为"金"。崩拳是形意拳中的重拳，类似于古代战争中攻城时撞城门的大木，沉重而结实，便把崩拳定性为"木"。钻拳"似闪电"，易于变化，因其类似于"水性"的灵活与易变，故把钻拳定性为"水"。炮拳是形意五行拳中寓攻防于一体的技法，是一手臂内旋格架与另一手臂内旋冲拳的结合拳法，因其双手的动作主要对向前上方，有火上焰之势，因而把炮拳定性为"火"。而横拳则为诸拳之母，可化为劈（金）、钻（水）、崩（木）、炮（火）四拳，无横拳则劈、崩、钻、炮四拳不复存在。这种演化之理与五行演变之理非常相似，《素问·大阴阳明论》载："土者生万物而法天地"，是故，无土则金不生，无金则水不生，无水则木不生，无木则火不生。可见，横拳的性质与土性相似，因而把横拳定性为"土"。

2. 形意拳的"五行生克"

所谓"相生"，就是每种拳法最方便、顺遂的动作转换。"五行"学说中，金、木、水、火、土的相生关系是金生水，水生木，木生火，火生土，土生金。从形意拳劈、崩、钻、炮、横五种基本拳法的技术动作角度来看，劈拳生钻拳，钻拳生崩

拳，崩拳生炮拳，炮拳生横拳，横拳生劈拳，这样的拳法变化在动作上较为顺遂，在技击上也符合"顺势而发，虚实互变"的实战技法。

所谓"相克"就是每种拳法的相互防守制约。"五行"学说中，金、木、水、火、土的相克关系是金克木，木克土，土克水，水克火，火克金。从形意拳劈、崩、钻、炮、横五种基本拳法的攻守动作角度看，劈拳克崩拳，崩拳克横拳，横拳克钻拳，钻拳克炮拳，炮拳克劈拳。在形意拳的对练和实战对抗中，如果遵循这样的动作攻防规律，抓住攻防时机瞬间转换是极易得手的。

（四）形意拳的流派简介

形意拳主要分为山西形意拳和河北形意拳，并有形意拳源于山西的说法。但无论是哪一个流派，拳理和技术轮廓基本上是一致的。

1. 山西形意拳——车毅斋大败板山太郎

车毅斋，山西省太谷县人，清朝拳师，李洛能的大徒弟。清光绪年间，有一个叫板山太郎的日本人在中国摆下擂台，当时有很多国内的武林人士都前去打擂，然而他们都不是板山太郎的对手，可见这个日本人的功夫还是很不错的。对此，国人既气愤又无奈。

车毅斋

终于有一天，一个年近六旬的老人（车毅斋）要上台和板山太郎打擂，并且要求签下生死文书。签了生死文书之后，车毅斋和板山太郎走上擂台。板山太郎使刀，而车毅斋只是拿着一根当作拄拐用的树杈子，板山太郎对此非常不解，并且希望车毅斋能够使用一件铁器，可车毅斋说习惯了使这拐杖。比赛刚一开始，只见车毅斋一个趟步挤进，拐杖一下就击打在了板山太郎的胳膊上，瞬时板山太郎的刀掉落在了地上。车毅斋说了一声："承

让。"其实他的意思是说，我这如果是刀，你的胳膊就断了。但板山太郎却很不服气，说："刚才我没注意，不算，重新来！"比赛再次开始，不过这一次车毅斋更快了，他根本没有给板山太郎一丝机会，板山太郎第二招刚出手一半时，就被车毅斋的拐杖头点住了喉咙，这一回，板山太郎面色煞白，呆立在原地纹丝不动。车毅斋将拐杖一收，板山太郎半天才缓过神来。板山太郎被车毅斋的功夫震惊了，希望拜他为师，但车毅斋婉言谢绝了板山太郎。

车毅斋的这种打法就是将形意拳还原成兵刃，劈拳变成了点棍，钻拳变

李洛能

李洛能，亦称老能，形意拳宗师，自幼便爱好武术。清道光十六年（1836年），李洛能变卖部分家产，到山西省祁县小韩村投师于闻名天下的心意拳师戴文雄学艺。其后，李洛能根据心意拳"心意诚于中，而肢体形于外""象形取意"的特点，改心意拳为形意拳。

成了刺喉，也就意味着形意拳法与兵器这两者完全可以互相转化。

2. 河北形意拳——郭云深"半步崩拳"三胜"鬼八卦"

郭云深，河北深县马庄人，清朝末年武术名家，师从李洛能，是车毅斋的师弟。

话说郭云深"半步崩拳"的绝技早已响彻武林，但仍有人对此绝技不服，想前来挑战一番。河北正安县有个绰号叫"鬼八卦"的人（真名叫焦洛夫）对郭云深的功夫也很是怀疑，于是前来与郭云深比试。结果，两人交手仅一个回合，焦洛夫就被打倒在地。焦洛夫对此事非常在意，决意要破解郭云深这一崩拳绝技，于是他终日闭门不出进行钻研。某日，他终于从"庖丁刀切萝卜"这一场景中领悟出"砍法"可破崩拳，于是苦练掌力，直到能用掌将碗口粗的白蜡杆一格即断后，才再次相邀郭云深进行较量。

郭云深

郭云深清楚，经过三年之久的刻苦训练，焦洛夫的功夫必然大有长进。但郭云深依然以迅雷不及掩耳之势使出崩拳，焦洛夫急忙用手臂来格，可惜焦洛夫三年来日夜苦练的"砍法"根本就无法格挡住快速有力的崩拳，焦洛夫再次被打得跌坐在地上。要说这焦洛夫，屡次与高手较技，可以说未曾有过败绩，但两次栽在郭云深的手上，总觉心有不甘。焦洛夫又再次陷入苦思冥想之中，终于，他又想出一招，于是欣然邀请郭云深进行第三次比试。

二人搭手进招，郭云深再以崩拳进击；只见焦洛夫这次施展的砍法不是向下，而是小臂上挑。郭云深一惊，本能地收回崩拳，待焦洛夫挑空的手臂下落的瞬间，郭云深早已在腰间准备好的另一手崩拳又再次打在了焦洛夫的胸口上，焦洛夫第三次被打翻在地。焦洛夫不禁喟然长叹："好崩拳！"他挽起胳膊上的衣袖，露出了绑着的利刃，好一个阴险之招！他本欲在郭云深的崩拳打来时，挑断其手臂，可是郭云深的半步崩拳实在是出神入化，使得他的阴谋诡计落了空。从此，郭云深以半步崩拳三胜"鬼八卦"焦洛夫的故事就流传开来。

三、变化莫测的八卦掌

八卦掌拳谚曰："形如游龙，视若猿守，坐如虎踞，转似鹰盘。"听起来非常具有表现力，可是怎么就形如游龙呢？八卦掌究竟是什么样的拳种呢？接下来就让我们一探究竟。

（一）八卦掌的起源

相传，八卦掌是清代嘉庆年间由董海川所创，而且清代之后的八卦掌著作基本上都奉董海川为八卦掌的祖师。

八卦掌原名转掌。在浙江东南部的道士中流行着一种叫"转天尊"的修炼方式，它虽然不是一种拳术，却有与转掌相类似的走圆圈的形式。而在河北雄县流传的八番拳和洪拳中，虽没有走圆圈的练法，但从其中的并步按掌、元宝式、行步、双推掌、冲天炮、茶壶式等拳式的姿态和含义来看，却显现出转掌八式（即下沉掌、柔球掌、猴形掌、阴阳鱼掌、抱月掌、指天插地掌、太极掌、八卦掌）的雏形。民间武术家董海川对这两地盛传的"八卦掌"雏形加以整理，并融入自己所学的拳术之中。

不过，也有另一种说法，说董海川自幼在乡间学习武术，青年时闯荡江湖，游历吴越巴蜀，后在江皖深山中遇到一道士，得授"八卦掌"。

据说董海川因在乡里打抱不平而涉嫌命案，潜逃至京都肃王府，从此藏匿锋芒，府中人都不知董海川是个武术家。一个偶然的机会，董海川露出了"马脚"。这天，肃王大宴宾客，肃王府高朋满座，肃王心情非常好，叫来护院总管为大家演武助兴。肃王命董海川上茶，当时，人们都在围观护院总管的表演，茶送不

过去，董海川情急之下，手托茶盘，纵身跃上大殿，悄无声息地在殿前宾客桌前飘落，茶水竟然一滴未洒，肃王及宾客大吃一惊，大家都没有想到这个端茶送水的下人竟有如此好的身手，于是都吵着让董海川表演。盛情难却之下，只见董海川的动作似行云如流水，时而翻身如雄鹰，时而转身如泼猴，时而跃起如小燕，变化万端……最后，董海川一个提气腾空，轻盈跃起数尺之高，再如旋风般旋转而下，落地无声。在场的所有人都看得目瞪口呆，全场鸦雀无声。当时，肃王又命董海川与护院总管比武，以分高低。不到两个回合，董海川一掌将对手打翻在地，对手含羞而走。后来，肃王命董海川为肃王府护院总管。从此，董海川名声大震，八卦掌也开始崭露头角。

（二）何为八卦掌

八卦掌是我国著名的三大内家拳之一，该拳种特色十分明显：以掌代拳，主要运动形式是以两脚不停地围圈摆扣走转，两手不停地穿、带、钻、劈等。在运动路线上，强调沿八卦方位图的路线进行走转变化。就是说，八卦掌的运动符合八卦的运动原理。另外，由于其掌法、步法与我国古代道教的乾、坤、震、巽、坎、离、艮、兑八卦方位有密切联系，按四正四隅组成，八卦变动即为六十四卦，所以我们将这种拳法称为"八卦掌"。

八卦方位图

八卦掌注重身法的灵活性，要求练习者在不断走圈中改变敌我之间的距离及方向，避正击斜、伺机进攻；其出手讲究随机应变，发挥掌灵活多变的特性。其手法有推、托、盖、劈、撞、搬、截、拿等。八卦掌法除基本八掌外，每掌又变八掌，成为六十四掌，故有"八八六十四掌变化无穷"的说法。

八卦掌的拳理

八卦掌是"以易理定拳术、以卦数定掌数的拳种"。在拳理上,"八卦掌具有《易经》的不易、变易和简易之理"。"不易之理"体现在八卦掌中的动静、刚柔、虚实、缓急之中;"变易之理"体现在八卦掌演练和应用时因势成便,在变化中修炼身心和克敌制胜;"简易之理"体现在八卦掌以切实有用为原则,拳式简洁,招法灵活。

(三)八卦掌的流派传承

相传,八卦掌宗师董海川在教授八卦掌的时候能够因材施教和因人授法,能够根据每个学习者的特点进行有效的指导,由此促使八卦掌历代名人辈出,且风格各异。董海川这种因材施教的传授方式也被后世弟子继承,使得八卦掌流派纷呈,不拘一格,后来形成了五大流派:尹派、程派、梁派、史派、张派。

四、名扬海外的咏春拳

近年来,随着《叶问》《一代宗师》等电影的上映,影视中咏春拳快速的击打手法、技击效果深深地吸引着大众,从而在民间掀起了解、学习咏春拳的热潮。那么,何谓"咏春拳"呢?

(一)咏春拳的源流

关于咏春拳的源流与发展,比较盛行的说法是"起于咏春,衍于梁赞,传于叶问,盛于梁挺"。

1. 起于咏春

关于咏春拳的起源，民间众说纷纭。其中一种说法是，清朝康熙年间，有一个女子叫严咏春，她从小跟随五枚师太习武，和父亲严二以卖豆腐为生。咏春生性聪颖，勤修苦练，身手矫健。有一天，严咏春受到蛇鹤相争的启发，遂在五枚师太所教武艺的基础上，研创出一种灵巧多变、借力打力、以弱胜强的拳法，后又得到五枚师太的修正和改善，从此咏春武艺大有长进。咏春请五枚师太为此拳赐名，五枚师太便以咏春之名将此拳命名为"咏春拳"。

2. 衍于梁赞

如果说咏春拳是严咏春始创，那么打开咏春拳崭新局面的人就是梁赞了。梁赞生活在"武术之乡"广东佛山，他自幼喜爱武术，曾跟随民间武师学习过一些南派拳术。十八岁时，他有幸拜咏春拳传人梁二娣、黄华宝为师，二人将咏春拳术的奥秘悉数传授给了他。

学成之后的梁赞仍以经营祖业（开设赞生堂药材店）为生。梁赞对授徒传艺这件事十分讲究。他认为，这门精妙的武术不传是不行的，但是一定要谨慎，不能随便传授，万一传给了恶人，就只会惹来祸端。也正是因为如此，在梁赞这一代，咏春拳依然被列为"秘而不传"之术。他最喜欢真拳实脚地比武，经常凭借咏春拳的功夫赢得一次次挑战，被冠以"咏春拳王"的称号，赢得了武术大师的名望。

《梁赞真像图》局部

晚年时期，梁赞对咏春拳的内容进行了系统的归纳整理，将咏春拳修订为有序列的三种拳术套路，分别是：基础拳术小念头、防守拳套寻桥和进攻拳套标指。此外，梁赞还制定了木人桩的训练套路，完善了黐（chī）手方法，佛山咏春拳的崭新体系就此确立了下来。

3. 传于叶问

叶问七岁时拜在梁赞的高徒——陈华顺门下，成了陈华顺的关门弟子，正式学习咏春拳。后来，战乱中的叶问背井离乡来到香港，在机缘巧合之下结识了梁赞的儿子梁碧和，这使得他有机会继续深造咏春拳。在梁碧和的指点下，叶问勤奋练习、刻苦钻研，咏春拳术日臻绝顶。

我们对于叶问的了解，主要来自影视作品《叶问》三部曲。电影中的叶问身处动乱年代，显示出"忠贞爱国、不畏强敌"的精神，那种救国存亡、维护国家尊严的行为牵动着每一个观众的心。

相传，当叶问声名鹊起时，日本宪兵队想让他为己所用，但遭到了叶问的拒绝。于是，日本宪兵队便欲以比武之名加害于他。对于叶问而言，他早已立志要替平日里被欺压的同胞出一口恶气，于是欣然答应日方的请求。在比武场上，叶问率先摆出问路手、二字钳羊马，一言不发地紧紧盯着对手，等待对手出手。当对手来袭时，他立刻一个坐马，使出耕拦手，迅速破坏对手的身体重心。对手虽然没有挨打，但是已经呈现出败相。叶问点到为止，及时收手，一声"承让"，结束了这次比武，尽显武术大师的风范。这场比武时间非常短，被人们戏称为"不到一分钟"。然而就是这"一分钟"大大长了中国人的志气，百姓们拍手欢呼，既为叶问也为咏春拳而欢呼！

然而，现实中的叶问在一生之中并未留下确凿的抗日事迹。对于咏春拳的发展，叶问最大的贡献应该就是将咏春拳从佛山带至香港并公开授徒，使得咏春拳在当时的粤港地区被习武者所知晓。叶问开设武馆，教人练拳，并不只关注武艺，还重视武德，这大大提升了咏春拳习练者的武德修养。他还将原本学习周期比较长的咏春拳进行了改良，使其变得更科学、更系统，这对咏春拳的平民化发展起到了促进作用，也更有利于咏春精神的广泛传播。叶问的改良与创新为咏春拳注入了新的生命力，叶问自身具备的武学修养和展现出的武者风范，赢得了世人的尊敬，使其成为咏春拳的一代宗师！

4. 盛于梁挺

梁挺是叶问晚年所收的"封门弟子"。梁挺凭借着咏春拳的真功夫及深厚的武术教育家修为，突破早期中国武术"多半缺乏文字记载，仅靠师徒口耳相传"的发展瓶颈，创立了"梁挺咏春"拳系，建立了包括"三段十二级"

的教练晋升体制，以及"十二阶"的学员晋升体制，让每个教练和学员均可随时在全国范围内不同地区的武馆继续深造咏春拳术。这套教学体系解决了大批量群体教学并保证学习效果的问题，将原本"秘而不传"的咏春拳发展至遍及全球65个国家和地区、4 000多个支部，子弟门人近200万人的规模，得到全球军警界、武术界及影视界的高度认可和追捧，蜚声国际，载誉全球。

（二）咏春拳的特点

咏春拳是一种非常短小精悍的近身格斗术，简捷实用，手法灵巧多变，招式柔化刚发，快速且具有爆发力，攻守兼备。

咏春拳的特点之一是其技击讲究"快、巧、稳、准、狠"，即在最短的距离以最快的攻击速度和最简捷的动作直接猛攻对手，具有极强的实战性和杀伤力。比如，咏春拳练习者的手臂就像是一条富有弹性的藤条或者弹簧，当它受到压力时会弯曲，但这种弯曲是强韧的，当它回弹的时候，力道相当惊人！

李小龙创截拳道

截拳道，是由20世纪最伟大的武术家、国际超级巨星李小龙根据咏春拳等中国功夫、泰拳、西洋拳击、法国腿技术、空手道、跆拳道、巴西柔术等26个元素综合而来。截拳道秉承"以无法为有法，以无限为有限"的武道理念，融合世界武道之精华，独创了"快、准、狠"的新型武道文化，被誉为世界武术经典、中国实战功夫，在世界各地广泛传播。

攻守兼备是咏春拳的另一个技法特点。咏春拳作为一种严密防护、快速制动的格斗体系，主要体现在手法上，它不仅密不透风，而且招式快如闪电。它要求练习者做到攻中有防、防中带攻，这是咏春拳区别于其他拳术的一个显著特点。很多拳法的防守都是分开进行的，"先防后攻"或者"先

攻再防"。攻防分开往往会带慢节奏，比如只用一只手去防守，然后再进攻，很可能就错过了良好的战机，以致面临对手接二连三的进攻时就会毫无反击之力。但咏春拳不是，习此拳者，使用两只手同时进行攻防，但凡出手必定包含着进攻与防守，二者势势相随，逼迫对手处处设防、难以施展拳脚，从而加快找到对手"罩门"的速度，战胜对方。

咏春拳还有一个很重要的防护技术，那便是"四门"。何谓"四门"？即在上半身的正面位置划出一个高不过眉、低不过腿、宽不过两肩的正方形，再将这块正方形划分成四个相等面积的区域，用高效率、中快节奏的密集手法对对方来势作各种格挡，形成对"四门"的有效防护。此外，咏春拳还善于用"寸劲"进行攻防，以轻巧之劲搏千斤之力，且快且慢、刚柔并济，将老子"阴阳辩证"的思想演绎得淋漓尽致。

（三）咏春拳的拳理

咏春拳是一种集内家拳法和近打于一身且立足于实战的拳术，因此咏春拳的拳理是否科学备受关注。事实证明，咏春拳的技法和动作非常符合人体解剖学和人体力学，"拳急如雨点，密不透风，攻守兼备，注重刚柔并济"的格斗方式可以有效减少气力的消耗。

咏春拳

咏春拳有一个很关键的科学理念，称为"中线理论"，这是习武者必须遵循的一个核心原则。什么是中线呢？中线是一个物体的重心所在，我们人体的重心便落在头部百会穴至尾椎尾闾（lú）穴这一条线上。在技击过程中，除了要守住自己的中线之外，还要向对方的中线发动攻击，如对集中在中线位置上的头部、颈部、胸部、腹部等要害部位进行打击，破坏对方的重心，使其失去稳定性，从而取得胜利。

咏春拳属近身术，对练习场地的大小要求并不高，"拳打卧牛之地"说的就是它。经常练习咏春拳，不仅可以锻炼人的力量、柔韧度和灵活性，还可以促进气血循环，改善人体机能，提高免疫力，对身心都大有裨益。同时，它还强调练习的内容应当根据季节而有所区分，如春主练肝、夏主练心、秋主练脾胃、冬主练肺，顺应四时变化，实现天人合一。

随着影视剧的热播，咏春拳受到世人越来越多的关注，它崇尚武德，主张以武立人，彰显出自强不息的民族精神和爱国精神，蕴含着深厚的中国传统文化底蕴，是我们中华武术的优秀代表之一。

木人桩

"南拳北腿"之说

同样是武术，南北之间有着一些差别。究其原因，北方多山，气候严酷，"五胡乱华"之后有许多少数民族融入汉族之中，以至于后来生养的后代也就有了少数民族身材高大、臂壮腿长的特征，在力量方面的优势明显。人一抬腿，最高可以踢过头顶，横着一扫就能扫倒一大片，所以北方武术注重腿法，有"拳打三分腿七分"之说，也有"一寸长一寸强"的说法。南方多水，走路少、划船多，手比腿好用得多，再加上南方人身材矮小，力气相对来说也就弱一些，所以讲求以巧劲、寸劲取胜，擅长贴身短打。

五、五花八门的武术命名

不同名称，可能就具有不同的内涵倾向，名称的差异所显示出来的引导作用更是不可小看。例如，分别命名为"涂鸦"和"艺术创作"的两门课程，显而易见，前者可能往往就只停留在小孩乱涂乱画的"可爱纯真"之上了，而后者则要显得更为严肃且有更高要求。中国武术从起源发展至今，已经创造出很多拳种、器械，其命名也体现着不一样的文化价值。

（一）哲学化的命名方式

太极拳、形意拳、八卦掌这三个拳种的命名无疑都是进行了哲学化的包装，一听到这样的拳种，人们自然就会和太极、五行、八卦这三个哲学术语联系起来。人们一旦把这种形而下的拳种和晦涩难懂、形而上的哲学文化联系在一起，除了惊叹该武术深奥奇妙之外，恐怕对武术的学习更多的就是望而却步的畏惧了。

（二）其他命名方式

以佛、圣、道、仙、鬼怪命名的拳法有：大圣拳、八仙拳、罗汉拳、天罗拳、地煞拳、哪吒拳、金刚拳、观音拳、二十八宿拳、四仙对打拳、夜叉巡海拳等。

以"门"命名的拳法有：硬门拳、法门拳、孔门拳、风门拳、水门拳、火门拳、佛门拳、字门拳、熊门拳、自然门拳等。

以姓氏命名的拳法有：巫家拳、薛家拳、岳家拳、戚家拳、洪佛拳、蔡李佛拳、岳氏连拳等。

以人名命名的拳法有：燕青拳、太祖拳、孙膑拳、五祖拳、宋江拳、达摩拳、咏春拳、岳王锤、武松独臂拳、甘凤池拳法、罗王十八掌、武松鸳鸯腿等。

以地名命名的拳法有：少林拳、武当拳、峨眉拳、崆峒拳、昆仑拳、太

行意拳、洪洞通背拳等。

　　以动物、昆虫命名的拳法有：龙拳、蛇拳、虎拳、豹拳、鹤拳、狮拳、象拳、马拳、猴拳、鸡拳、鸭拳、螳螂拳等。

　　以日常杂物命名的拳法有：扇拳、伞拳、花拳、船拳、板凳拳、褂子拳、百花拳、梅花拳、莲花拳等。

　　以手法命名的拳法有：截拳、穿拳、撕拳、拦手拳、劈挂拳、撞打拳等。

　　以步法、腿法命名的拳法有：弹腿、截腿、戳脚、五步拳、腰步捶、进步鸳鸯连环腿等。

　　还有一些其他的拳种命名方式，因篇幅所限不再一一列举，仅上述所列的各拳法名称，想必已经足以令人感知中华武术的博大了。

第四章 各具特色的十八般兵器

徒手拳法为练体之根本，而兵器乃手足之延伸，它能极大地加强武术的搏杀效果。如果武术拳种已经让你眼花缭乱了，那么兵器的种类之多也同样会让你目不暇接。本章我们将介绍常见的十八般兵器，即刀、枪、剑、戟、斧、钺、钩、叉、鞭、锏、锤、抓、镋、棍、槊、棒、拐子、流星锤。

十八般武艺与十八般兵器

"十八般武艺"这个名词，最早出现在元代的杂剧中。在古今戏剧、小说中，常常用"十八般武艺样样精通"来描写那些驰骋沙场的武艺高强者。可十八般武艺究竟包含哪些呢？施耐庵（元末明初）在《水浒传》第二回中写道："史进每日求王教头点拨，十八般武艺，一一从头指教。那十八般武艺？矛锤弓弩铳，鞭简剑链挝，斧钺并戈戟，牌棒与枪杈。"但到了明万历年间，谢肇淛（zhè）在《五杂俎》中记载："山西李通者，行教京师，试其技艺，十八般皆能，无人可与为敌……十八般：一，弓；二，弩；三，枪；四，刀；五，剑；六，矛；七，盾；八，斧；九，钺；十，戟；十一，鞭；十二，简；十三，挝；十四，殳；十五，叉；十六，耙头；十七，绵绳套索；十八，白打。"

随着时代的变化，十八般武艺的内容也在发生变化，现在我们所说的十八般武艺，多是形容一个人的武艺精湛、全面，其实中国的兵器不止"十八般"。后来，十八般武艺的说法成为中国民间对兵器的泛称，是指使用各种兵器的技艺，所以又称十八般兵器。

一、百兵之帅——刀

刀位列十八般兵器之首，自汉代成为士兵主要近战兵器以来，便一直是历代军事家极为重视的一件武器。整个冷兵器时代的战场中，刀的应用最为广泛，甚至在抗日战争中，依然有"大刀队"这种使用战刀进行战斗的部队。

（一）为何称刀是"百兵之帅"

具有劈、砍、斩、扎、按、扫、挑等多种使用方法的刀，用起来可谓变化无穷，攻防兼备。刀挥舞起来势如猛虎，且易于掌握，普及程度高。由于刀法变化多端、演练起来虎虎生风、在兵营中普及度高等原因，刀被称为"百兵之帅"。

以汉朝的环首刀为例，它是战场上主要的兵器，士兵能够以最快的方式掌握手中的武器。环首刀可以用来劈斩、刺杀，同时具备了戈与剑的功能，极具杀伤力，是一件不可替代的兵器，犹如军中统帅一般。

环首刀

（二）神秘的青龙偃月刀

小说《三国演义》中关羽手提青龙偃月刀，"三英战吕布""温酒斩华雄""斩颜良、诛文丑""单刀赴会"等场面大概给很多读者留下过深刻

的印象。

事实上，在陈寿的《三国志·关羽传》中通篇没有一个"刀"字，整部《三国志》中也没有言及关云长使用青龙偃月刀一事。其中仅有这样一段文字记载，袁绍派遣大将军颜良于白马县攻打东郡太守刘延，此时，曹操派遣先锋张辽、关羽前往阻击。当时，关羽远望颜良的麾盖（将帅用的旌旗与车盖），便策马冲杀过去，顷刻间于万军中刺杀了颜良，关羽斩下颜良首级还营，袁绍军中无将领能抵挡关羽的神威，由是解了白马县之围。通过这个"刺"字，很多人都推测关羽用的兵器应属于矛、戟之类的直刺兵器，而并非小说《三国演义》中所写的青龙偃月刀。

关羽塑像

《三国志》是一部纪传体国别史书，二十四史之一。作者陈寿，字承祚，巴西安汉（今四川南充北）人，蜀灭后，入晋为官。《三国志》是以曹魏为正统，记载三国时期魏、蜀、吴三国的历史。《三国志》所记载的史料较为翔实可靠，是研究三国历史的重要文献。

虽然刀在我国有着悠久的历史，但在两汉时刀仅作为短兵器配用。据《三国志》《古今刀剑录》及有关资料记载，直到三国都没有出现过长柄大刀。小说中关云长使用的那种长柄宽刃的青龙偃月刀直到宋代才有。因此，说关羽用八十二斤重的青龙偃月刀作为兵器（如此之重的兵器似乎也不利于作战）纯属子虚乌有。

青龙偃月刀

既然三国时期没有青龙偃月刀，罗贯中（约 1330 年—约 1400 年，元末明初的小说家）在《三国演义》中依然用大量的笔墨描写，想必是想借助兵器体现关羽威武的气势，抑或是作者身处的那个时代盛行青龙偃月刀，因而想借名将关羽为青龙偃月刀扬名也未可知。

（三）集技击与表演为一体的刀

手里有一把刀时，就要充分发挥其刀刃和刀尖的作用。如此，人们自然就会想到劈、砍、扎等技击方式，这些技击方式几乎是不需要他人教授就能使用出来的，可见刀极具便利性！

关于刀的使用，除了用于战场上的厮杀外，还有一个用处就是表演。刀法练到什么境界就算好呢？常言道，刀如旋风，水泼不进。不过这种耍得满身银光、水泼不进的刀花逐渐发展成为体操表演，愈发缺少了刀的技击内涵。不可忽略的是，这种炫酷的刀法只适合专业运动员演练，而非常人所能。

二、百兵之王——枪

小说中有着众多使用枪的名将，如：善使霸王枪的项羽；长坂坡七进七出、浑身是胆的赵子龙；冷面寒枪俏罗成，一招回马枪下饮尽了多少好汉的血！

练习枪术的学生

（一）为何称枪是"百兵之王"

枪在冷兵器时代的战争中使用最为广泛，与其他长兵器相比，枪在战争中的杀伤性比较大。枪锋利灵便，有拦、拿、扎、点、穿、截、劈、圈、挑、拨等多种技法。由于枪使起来"去如箭，来如线""出枪如潜龙出水，收枪如猛虎入洞"，神出鬼没、变化无穷，因此被称为百兵之王。

（二）从俗语中一窥枪的用法

"前手如管，后手如锁。"意指使枪的时候前手要松活，以便前后滑动；后手要握紧把端，出枪至前手触及后手为止。

"中平枪，枪中王。"枪最主要、最基本的攻击方法，是以枪尖直刺对方身体各部位，亦称"枪扎一条线"。

"枪似游龙"，说的是枪法变化莫测，观赏性极强。

> 明朝时，枪术除了作为战阵中的军事武艺外，同时也在民间流传。不少使枪者在比试武艺时，为了安全，将枪头换成用布包裹的棉花，沾些白粉，比试者穿着黑衣服，以数点得分分胜负。

三、百刃之君——剑

唐代大诗人杜甫在《观公孙大娘弟子舞剑器行》中写道："昔有佳人公孙氏，一舞剑器动四方。观者如山色沮丧，天地为之久低昂。霍如羿射九日落，矫如群帝骖龙翔。来如雷霆收震怒，罢如江海凝清光。"从这段文字中我们可以看出，诗人杜甫观察非常细致，对剑术的描述生动形象，使人如同亲临现场一样。试问如果剑术不好，诗人还会如此刻画吗？

越王勾践剑

（一）为何称剑为"百刃之君"

在古代，剑除了作为格杀的兵器、习练武艺的器械之外，还有多种用途。第一，剑被作为权力和地位的象征。例如皇帝授给亲信大臣的"尚方宝剑"，具有先斩后奏的生杀大权。第二，剑被僧、道作为法器，说剑能"隐身""降妖除魔""于千里之外取人首级"。第三，剑被作为礼仪中显示地位等级的标志。根据古籍中的记载可知，古人有严格的佩剑制度，如佩剑人的年龄不同、地位不同，装饰的金属或玉石等也有所不同。第四，剑被作为一种风雅佩饰，文人学士佩之以示高雅不俗。

正是因为这些因素，剑堪称君子，此外，加上剑的刃多，所以剑被称为"百刃之君"。

古之君子皆佩剑。在古代，剑被认为是有君子之德的兵器，故而君子亦常佩之以明志。何为君子之德？剑刚正不阿，是为正直；剑柔韧却不曲（屈），是为进退有度；剑无事则锋芒内敛，是为谦逊；剑有事则出鞘以止恶，是为侠义；剑贴身护主，是为忠勇。剑者无枪矛盛气凌人的霸气，无弓矢孤注一掷的霸道，无刀斧趋利而弯的势利，也无钝器沉重复杂的内心。

（二）繁复飘逸的剑招

剑术主要有平剑、立剑、点剑、削剑、斩剑、撩剑、挂剑等招式。为何会有如此繁复的技法呢？想必是人们在攻与防的过程中不断加以丰富的。

平剑与立剑有何区别呢？在古代，士兵所穿铠甲的纹路若是横向的，即采用平剑攻击更有效；若铠甲的纹路是竖向的，则采用立剑攻击更有效。如此推测，剑术的方向是根据技击的有效性而"量身定位"的。

剑术在演练的时候，具有轻快敏捷、身活腕灵、刚柔兼备、优美脱俗、轻灵飘逸等特点，常有"剑似飞凤"之喻。

四、百兵之首——棍

棍是人类社会最早的兵器之一。棍虽无尖、刃，但是扫棍、抡劈棍的威力也是不可小觑的。常言说得好，"棍扫一大片"。

（一）棍术的起源

早在原始社会，人们便利用树枝制成的棍、棒进行防御自卫和猎取食物，但这时对于棍棒的使用仍属于人的本能活动和生产活动，还谈不上棍术。

随着社会的发展，在古代战争中，棍成为兵器之一。其中，陈胜、吴广"斩木为兵"的起义明显已经把棍运用到了战争之中。此外，唐代"十三棍僧救秦王"的故事，也说明了棍术在寺庙、战场中被广泛应用。

在不断的征战过程中，人们总结并积累了棍的攻防方法。因此，当棍从战争中的兵器回转到民间之后，各种棍法便迅速在民间流传，并逐渐形成今日千姿百态的棍术。

（二）长短不一的棍

棍的长短不同，它的名称与用途也不一样。通常我们所说的长棍，是指现代武术比赛中的用棍，其长度一般不低于运动员身高；比长棍更长、更粗些的，我们称之为"杆子"，或用于练劲（俗称"抖大杆"），或作为战场上的兵器；棍和人的眉毛高度齐平，称为"齐眉棍"，是少林兵器的代表；再短一些的棍，如"十三把"，称为鞭杆，在西北地区非常盛行；如果再算上软兵械，则又有双节棍、三节棍、梢子棍等。

三节棍

（三）为何称棍为"百兵之首"

明代军事家、武术家俞大猷在《剑经》中说："若能棍，则各利器之法从此得矣。"棍法融合了各种兵器的基本技法于一身，任何一种兵器的技法都有可能用棍实现。正因如此，我们称棍为"百兵之首"。

中国武术中有"棍扫一大片"之说，扫棍是远距离的攻击方法，以棍横击敌人的腿部、踝部。除了扫棍之外，抡棍也是较为常见的棍法，它是远距离的进攻方法，以棍横击对方肋部、腰部，利用"抡"的技法产生杀伤力。另外，关于棍术的技法，还包括劈、挑、点、戳、搅等。总之，棍是一种十分容易上手的兵器。

东枪西棍

我国东部沿海地区经济发达，冶铁等技术非常发达，而且东部沿海地区自古多为兵家征战之地。相对于西部地区而言，枪这种兵器在东部地区更为普及。而西部地区经济相对落后，但畜牧业发达，似乎能够保证人手一根棍，鞭杆更是随处可见，在长期的放养牛、羊的过程中，使用棍的技巧就逐渐得到了发展。

五、其他兵器

在历史上，兵器主要是在军队中使用，且每个朝代基本上都会颁布禁武令，因此，要是听到民间有位善使兵器的高手，那高手应该很快就会被官府控制起来。在历史发展过程中，我们很少会听说民间有善使兵器的大侠，我们所熟知的那些使用兵器的英雄大都是小说中的人物。

1. 方天画戟

方天画戟结合了矛和戈的特点，《三国演义》中第一猛将吕布使用的兵器就是方天画戟。小说中有一段"辕门射戟"的情节：袁绍想要攻打刘备，但吕布并不想袁绍这么做，于是吕布从中调解，以吕布射中画戟作为平息战争的交换条件。最终，吕布以高超的技艺平息了一场战争。不过在历史上，方天画戟通常作为仪式摆设之用，较少用于实战。

戟

2. 斧

斧舞动起来，动作粗犷、勇猛，能够尽显使斧者威猛、彪悍的形象，在小说中多有描述。《水浒传》中的黑旋风李逵曾使用双板斧一口气杀了四只老虎；《说唐演义》中使用八卦宣花斧的名将程咬金会使"劈脑袋""鬼剔牙""掏耳朵"这"三板斧"。但历史上真实的程咬金擅长使用的武器却是槊（shuò）。

斧

《说唐演义》

《说唐演义》系清代长篇小说,作者不详。它以瓦岗寨群雄的风云际会为背景,铺叙自秦彝托孤、隋文帝平陈统一南北起,到唐李渊削平群雄、太宗登基称帝止的一段故事,揭露了隋炀帝荒淫无道,大兴徭役,宇文氏恃宠骄横,残暴凶狠,给人民带来深重苦难,致使在全国各地爆发"十八路反王,六十四路烟尘"的反隋起义。它是一部由历史演义向英雄传奇演变的代表作,在民间流传甚广。

3. 子午鸳鸯钺

子午鸳鸯钺(yuè)是武术器械中的短器械,属八卦门专门器械之一,相传为八卦掌宗师董海川所创。它前后左右都是刃尖,共有四尖八刃,非常锋利。子午鸳鸯钺小巧玲珑,使用起来变化多端,利于近战,可以短取长,专破长兵利刃。

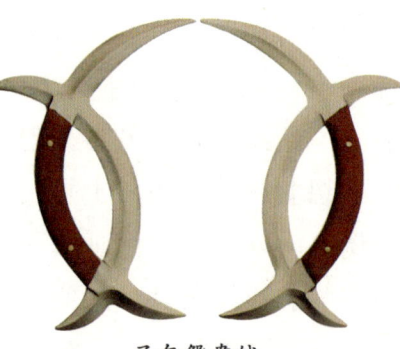

子午鸳鸯钺

4. 钩

钩由戈演化而来,是一种短柄的格斗武器。在历史上,十六国时期冉魏政权的建立者冉闵就善于使用钩,史书记载其"左操双刃矛,右执钩戟,以击燕兵,斩者三百余级"。说冉闵左手使双刃矛,右手用钩,杀敌数百。这钩戟就是现在钩的原型。《献县志》中也记载,著名的抗清斗士窦尔敦也善于使用双钩。

钩

5. 叉

叉是长器械的一种,有两股叉(又称牛角叉)和三股叉。叉最初是打猎的生产工具,后来发展成为兵器。《水浒传》中解珍、解宝打虎时使用的兵

器就是钢叉，既做狩猎工具，也做战斗兵器。

叉

6. 鞭

兵器鞭有软鞭、硬鞭两种，硬鞭沉重而无刃，有四棱，以劈、扫等技法产生巨大的撞击力量伤人，故持鞭者均力大神勇。

一般来说，使鞭者多持双鞭，如"双鞭呼延灼"（《水浒传》中的人物）；《说唐演义》中的尉迟敬德使用的是水磨雌雄钢鞭。

7. 锏

兵器锏（jiǎn）与鞭类似，方形，有四棱，有竹节锏和方棱锏。一般来说，锏都是成对使用的，常有"雌雄锏""鸳鸯锏"之称。

相传战将秦琼善使双锏，《隋唐演义》中对其这样描述："马踏黄河两岸，锏打三州六府，威震山东半边天，神拳太保秦叔宝。"在其使用的锏法当中，最后一个武术招式称为"撒手锏"，即在厮杀时出其不意地用锏投向敌人，以达到出奇制胜的目的。

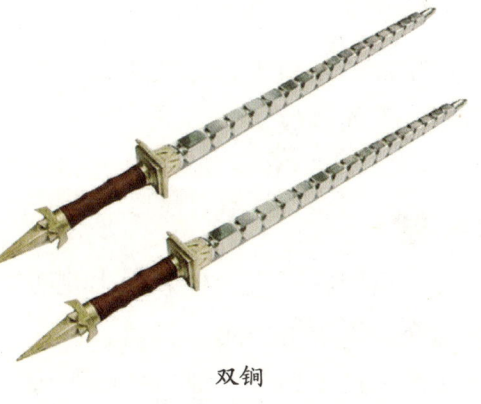

双锏

《隋唐演义》

《隋唐演义》为中国清初小说，系褚人获根据史书、唐宋以来的稗史传奇及民间讲唱隋末群雄的故事编写而成，全书起自隋文帝起兵伐陈，迄于唐明皇还都而死，共170年间的故事。书中颂扬瓦岗寨草莽英雄的侠义武勇、唐太宗的文治武功，等等，具有浓郁的民间文学特色。

第四章 各具特色的十八般兵器

8. 锤

《说唐演义》中有八大锤之说，分别是金锤李元霸、银锤裴元庆、铜锤秦用、铁锤梁师泰。其中号称隋唐第一好汉的李元霸手使擂鼓瓮金锤，天下少有人能接得了他三锤，裴元庆就因为硬接了李元霸三锤而声名大震。不管是李元霸还是裴元庆，这些使锤的英雄人物都有一个显著的特点，就是力大无穷。

双锤

9. 槊

所谓槊，兵书中记载："重而长的矛和棒称为槊"，它是一种重且长的冷兵器。但凡使用这种兵器的，都是膂（lǔ）力超出常人、功夫非常了得之人，故有"锤槊之勇不可敌"的说法。

相传西楚霸王就是使用槊这种兵器南征北战，横扫千军，无人能敌。

槊

10. 铩

铩是中国古代一种兼用于攻防的长兵器，正中的枪头用于击刺敌人，两侧的锋刃用于格架敌人兵器。

在古典文学中，使用铩的人物多为勇猛、彪悍之士。较有代表的是《说唐演义》中的宇文成都，他是隋炀帝手下的大将军，使得一杆凤翅镏金铩，天下少有敌手。

11. 狼牙棒

狼牙棒是一种打击冷兵器，如同在纺锤的木制或铁制的锤头上固定很多像狼牙一样的铁钉，锤头安有长柄。这种兵器的杀伤力，一方面来自狼牙棒重力的打击，另一方面来自狼牙棒锤头上的铁钉。

《水浒传》中霹雳火秦明使用的兵器就是狼牙棒，

狼牙棒

在三打祝家庄、围攻大名府等战斗中，秦明凭借手中的狼牙棒屡立战功。

12. 抓

抓（挝，zhuǎ）是一种形状比较奇特的兵器，看起来就像在一根长柄的头部装上一只手，具有抓、拉等技击作用。

《水浒传》中，王庆（四大寇之一）麾下的袁朗善使水磨钢挝，与霹雳火秦明大战一百五十回合未分胜负，武功也是非比寻常。

13. 拐

拐俗称"拐子"，目前我们所见到的"T"形警棍就是从兵器拐演化而来的。

拐具有非常实用的价值，攻防一体，其技法有钩、扫、戳、劈等，常常是两拐（一长一短）配合使用，长拐以攻为主，短拐以防守为主。

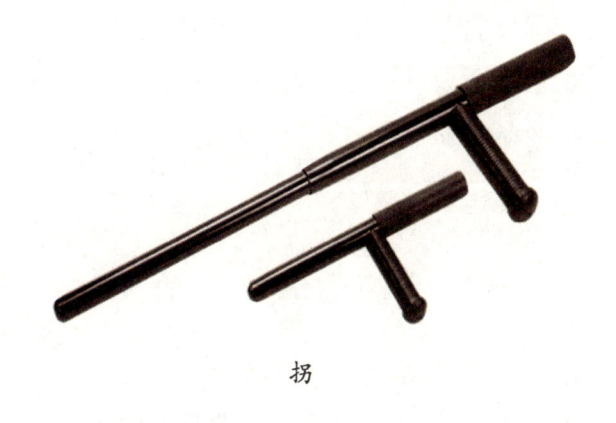

拐

14. 流星锤

流星锤是一种软兵器，是在绳索的一侧或两端系上金属锤头而制成。系一锤且绳较长者为"单流星"（飞锤），系两锤且绳较短者为"双流星"。

流星锤在使用时，飞速舞动的状态就犹如流星划过夜空一样，流星锤因此得名。

流星锤

第五章 探秘武侠小说中的神秘武功

在武侠小说的世界里，有着太多神乎其神的武功，不免让人神往。可回归到现实的世界里，究竟有多少武功是真实存在的？这些神秘武功真的是令人望尘莫及吗？就让我们一层层揭开那些神秘的面纱，领略一下它们的真面目吧！

一、神秘莫测的气功

气功，一个比较高端的词汇，常有人把气功与特异功能联系起来，认为练过气功就能够实现隔山打牛，能够凭借掌风、拳风把人击倒甚至打出好几米远。在科学技术发达的今天，这些"隔空打人"的神功已被确定为伪科学，那么，神奇的气功究竟是什么呢？

（一）"以气催力"的气功

所谓的气功，指的是人"练气"和"练意"的功夫。气功的"气"指的是人体的呼吸，"功"指的是用意识不断地调整呼吸和姿势的练习。

一般情况下，我们静坐少动的时候，呼吸频率往往是均匀、缓慢的；而当我们在剧烈活动时，会自然加快呼吸频率以确保身体能够正常运转。在这些过程中，我们脑中并没有刻意地去想几秒钟吸一口气或者呼一口气，而是根据身体的需要进行自然呼吸。

然而，气功的练习稍有不同，需要练习者用自我的意识调整呼吸与身体姿势。比如，进行深度腹式呼吸练习时，我们需要用意识主动地减缓呼吸的次数，加大每次的呼吸量，同时，呼吸时还要伴随腹部的凹陷与隆凸。这个过程实际上是比较困难的，但是一旦掌握好以后，就等同于我们获得了较好的呼吸控制能力，能够产生"以气催力"的效果。我们都有这样一个生活常

识：当我们在做劈（柴）这个动作前，首先会深吸一口气，在做"劈"这个动作的同时会迅速地呼气，呼气的速度越快，劈所产生的力量也就越大。

（二）日趋表演化的硬气功

硬气功又称武术气功，曾有着很多不同的名称：刀枪不入、金钟罩、铁布衫、铁砂掌等。目前，展现在我们面前的硬气功都是以表演形式存在的，诸如金枪刺喉、胸口碎大石、单掌劈砖等。这些硬气功表演往往被贴上了"腥活（骗局）"的标签，因为只要是有力气、有胆气的人，在正确的指导下就可以完成与之类似的表演。显然，传统武术中的硬气功已经逐渐失去其本真的内涵。那么，真正的硬气功应该是什么样的呢？

"内练一口气，外练筋骨皮。"硬气功其实指的就是通过对身体外部进行拍打、冲击等锻炼，同时运气到身体的某一个部位，以此来达到顶住巨大的压力和忍住尖锐物体的刺击。例如铁砂掌的练习，通过铁砂操掌，随着时间的积累，掌硬如铁，能够碎砖断石。这里要强调的是，硬气功绝不能作为欺负他人的手段，练习硬气功应当以增强体质为目的。

少林传统绝技铁砂掌

二、踏雪无痕的轻功

"闻君有白玉美人,妙手雕成,极尽妍态,不胜心向往之。今夜子正,当踏月来取,君素雅达,必不致令我徒劳往返也。"这是古龙先生在武侠小说《楚留香》开篇中对楚留香轻功的描述,"踏月来取"该是多么高超的轻功才能做到!

(一)探秘武侠世界里的轻功

武侠小说中关于轻功的描写都非常优美,或是"踏雪不留痕",又或是犹如"蜻蜓点水"一般,这类轻功在现实中是否存在呢?

至少可以这么说,人在不借助外物的情况下,不可能达到像鸟一样在空中飞翔的轻功,"凭空飞起"的轻功显然是不存在的,尤其是在我们接触过物理学之后,知道地球上的万物都会受到地心引力的作用,想要飞离地面必须要克服自身的重力才行。鸟类或者飞行器之所以能飞上天空,就是因为它们能持续地产生大于重力的升力。那么,我们所看到的轻功是怎么回事呢?

其实,武侠影视中的轻功分为两种:一种是由电脑制作出来的特技效果;另一种是通过"吊威亚",以达到演员"飞行"的目的,给人以炫酷的感觉。

(二)"飞檐走壁"式的轻功

即便像鸟一样飞行的轻功是不现实的,但人们对轻功依然还有着诉求。例如,武当派就一直盛传着"飞檐走壁"式的轻功,其原理就是借助墙根的砖棱,蹬一下借劲,往上蹿一下,再换个砖棱借劲,不停地向上蹿,换步慢了不成。这说起来很简单,但真正想要做到,却需要长年累月的训练。

再说轻功"水上漂"。少林寺的释理亮曾苦练轻功"水上漂",起初"水上漂"的表演不过才10米之远。经过六年的练习,他能够更加巧妙地利用水面对三合板的反作用力,练就了绝佳的平衡能力与速度。现在释理亮借助

三合板已经能在水上跑出 125 米的距离。试想，若没有长达六年持之以恒的练习，他又怎么能达到现今的目标呢！

飞檐走壁

"醉鬼张三"之轻功

1917 年前后，时值夏季。一日正下雨，路上积水二三尺深，车马阻塞，无法前行。路人甲（代指目击者）见一老者推门而入，正是"醉鬼张三"，脚上穿一双新鞋，泥水不沾。路人甲心中生疑，又不敢询问，因为武林中最忌讳的就是打听其他门派的武功。待路人甲再次见到"醉鬼张三"出门时，见张三并不乘车，如空中悬着一般，飘然而飞，双足离水面尺许，依旧泥水不沾。

（三）轻功的本质

在传统武术中，对轻功有"跑跳走伏，窜越翻滚，攀援勾挂，提纵游贴"16 字的概括，由此而衍生出的轻功训练方法有很多，如卧虎功、纵窜术、轻身术、壁虎游墙术、飞檐走壁法、翻腾术等。无论哪一种方法练习，都会归结到身体协调性、灵敏性、平衡性、力量、速度等身体素质的协调统一，而且都不是一朝一夕便可练就的。

三、高深莫测的点穴术

关于点穴术，民间流传有这样的说法："点穴能让人定住、麻痹、瘫痪，甚至是死亡。"想必每个人从内心深处都会期望自己能够拥有这样的能力吧，但点穴这种功夫真的存在吗？真的有这么厉害吗？

（一）什么是点穴术

所谓点穴术，就是应用武术手法点击对方穴位的一种技击方法，通过点击穴位而使被点者产生疼痛甚至使其丧失反抗能力。这其中就涉及两个方面，一个是穴位的位置，另一个是击打穴位的力度。由于穴位是身体上面积很小的"点"，在变化万端的实战中是很难准确点到穴位的，因而点穴者对时机的把握要十分精准。

《武林外传》剧照
（一招"葵花点穴手"，成为剧中人物最佳的御敌之术）

（二）神奇的点穴功能

穴位是人体经络、脏腑气血注输的要害部位，它面积虽小，却是血管和神经集中分布的地方。点到不同的穴位，身体确实会产生麻、酥、痒、晕等不同的感觉，但不会出现一点穴位就动弹不得的情形。如果重力击打某些重

要穴位，则有可能出现致残甚至致死的后果。

不过，对有些穴位轻轻按摩却可以起到很好的治疗作用。我们常说的太阳穴（位于眉梢与外眼角之间向后约一寸凹处），如果用大拇指在这里轻轻按推的话，能起到很好的缓解疲劳、提神的作用；但是如果发力打下去的话，劲力渗透到里面去，会导致被击打者轻则脑震荡，重则危及性命。同样作用于一个点，不同的方式就会产生不同的结果。

因此，在生活中千万要注意，不要轻易地对他人乱点或乱戳，因为这种随意性的"点穴"很可能就会伤害到他人。

四、"不可貌相"的蛤蟆功

蛤蟆功，《射雕英雄传》里西毒欧阳锋的绝技之一，模仿蛤蟆动作并将其融入武术之中，武功招式看起来很不雅观，但威力却不小。

事实上，蛤蟆功是真实存在的，但却不是小说里的样子。蛤蟆功俗名"举墩子"，是少林七十二艺中硬功外壮功法，属阳刚劲路，是专门练习人身体各处肌肉硬度的功法，为少林寺僧经常研习的重要功夫。虽是硬功外壮，也兼软功内壮。它既可用于御敌，也可祛病延年，尤其对哮喘患者有特殊的疗效。

五、放长击远的琵琶功

电影《功夫》中两个杀手通过弹奏古筝产生的声音攻击敌人，《六指琴魔》中也有通过琴音重创对手的桥段，这二者与我们即将谈到的琵琶功是否类似呢？

（一）何为琵琶功

琵琶功，又名指头功（专门练习指头外面的指甲处），是少林七十二艺中的硬功范畴，专门练习四指弹力。琵琶功一般是四指并用，陆续弹之，犹

如弹琵琶之指法，因此以琵琶功为名。

相信看过《精武英雄》这部电影的朋友们一定看到过这一幕：陈真进攻的拳已经达到最远攻击距离，却未能伤到藤田刚，转瞬之间陈真以手指为鞭梢，发出抖弹之力，击伤了对方，这就是琵琶功的一个简单应用：反弹琵琶。

（二）琵琶功的本质

常言说得好，"一寸长一寸强"，以手指代替拳，延长上肢的攻击距离，靠手指发出的抖弹劲力，往往能出其不意地打击对方。一般来说，指甲的外弹之力是很微弱的，难以达到制敌的目的。因此，琵琶功的练习，在于强调弹击过程中增加四指的硬度与弹力。即便如此，也是需要练习者持之以恒地勤习苦练，方有成功之可能。然而，琵琶功切不可乱用，应以防卫自身为目的。

武侠小说中的武功之所以神秘，是因为我们对这些武术有一个先入为主的认识，缺乏从科学的角度对武术的本质进行分析。武侠小说、影视作品中的武功是一种感性的认识，并不能认作真实的武术，我们必须从科学的角度去看待。

经过我们探索后的武术或许已经不再那么神秘，原本神秘莫测的武术也是可以接触的，并非难以走近。

第六章 习武过程中亟须关注的问题

在现实生活中，不乏热爱武术的人，一说武术就觉得好厉害，并渴望自己能够通过武术训练成为武林高手。然而，结果往往是这样的：一些人接触武术之后，觉得没有想象中有趣，认为武术没有实用性；一些人把武术定位成一个高深莫测的运动，望而却步；还有一些人给自己定位太高，以至于目标无法实现，渐渐对武术失去学习的信心；只有少部分的人能够持之以恒地学习武术并走向成功。

一、习武内容之认识

目前，我们所接触的武术，大部分都被"体操化"了，一味地强调套路的演练，追求"高、难、新、美"的演练效果，以至于大部分人认为套路演练就是武术的全部，这种追求"高、难、新、美"的套路武术常常会让人们感觉难度太大而放弃学习。

在现实的教学中，习武者一听到武术就会想到蹲马步，紧接着就会想当然地认为武术是枯燥无味的，进而在还未开始练习武术之前就产生了抵触心理。不可否认，武术在练习过程中不可避免地要做弓步、马步等基本功的练习，武术界流传了千百年的行话就是"入门先站三年桩""要学打，先扎马"，没有这些基本功的练习，如何去体悟动作的规格、劲道和攻防要义？但需要知道的是，这些并不是武术的全部内容，武术还包括用于提高攻防能力的对抗，其中蕴藏着丰富的趣味练习方式，涉及踢、打、摔、拿等多个方面。无论先学什么，当你有了学习的恒心时，你就已经离武学宝藏不远了。

仅就踢来说，曾经有老师问学生："如果仅是腿法修炼能算作武术吗？"得到的答案是："不是"，学生认为武术至少要包含一招一式的套路。这里面就存在一个"武术怪圈"：习武者总是认为把武术的"踢、打、摔、拿"等学个遍才算是真正的学习武术，如果被告知只学习武术的腿法，他可能就

不会再学了，认为指导者没有教真正的武术。难道摔跤不可以称为武术吗？扬名于世的武林高手，大部分都是一技成名，形意拳名家郭云深有着"半步崩拳打天下"的美誉，难道他只会崩拳就不算作会武术吗？

常常有人问武术教练："你会翻跟头吗？"在他们的认知中，会武术就一定要会翻跟头，或者说会翻跟头就表示此人武术水平高。实际上，这是人们把武术与杂技混淆了，武术原本追求的是技击实用性而非表演性，而现在将翻跟头等动作加入武术套路中能够增加表演的观赏性，起到锦上添花的作用。

也有学生问："老师，我的柔韧性差，是不是练不了武术？"试问，谁天生就柔韧性好呢？柔韧性差绝不是学习武术的门槛。事实上，在练习武术的过程中，通过腿法的训练是能够提高柔韧性的。

关于习武内容的认识还有很多，在此不再一一列举。对抗或是套路都有着独特的价值，在学习的过程中，习武者千万不要忽视。

二、练拳问答

常有人会困惑，中国武术门派众多，拳种、器械丰富多彩，我该从何门何派开始学习？练哪一拳种？练什么器械？董英杰（师从杨氏第三代传人杨澄浦）在《杨澄浦武学辑注·杂说》中提到了许多练拳者的困惑，摘录如下：

某人想学习武术，问我："是练内家拳还是外家拳呢？"我说："自古以来的武术家所流传下来的武术都是优秀的，关键在于是否传授给你。"又问："武当拳好还是少林拳好？"我说："你愿学武当练太极可行，你愿学少林拳练少林拳也行，听随个人喜好选择即可。"有人问："太极拳学好需要几年？"我说："每个人练拳各有特点，不可相提并论。师父用同样的方法传拳，各人性情不同，有一两年学好的，有三五月学通的，亦有十年或二十年学不明白的。可见，学好拳既不在于身材的高低，又不在于年龄的大小，和每个人的慧根有很大关联。"

三、武者必备的修行

　　武术又称功夫，为什么又称功夫？因为功夫是时间的积累，武术需要时间去打磨。不学不练是不会有收获和进一步深入的可能的。读者只有通过亲自学练，才能对武术有所体会，才能达到真正健体养身和防身自卫，乃至对自己的人生有所感悟的目的。习练武术很难，不是难在千姿百态的技术表现形式上，而是难在持之以恒。习武这条路充满了艰辛与快乐，不要质疑自己，即便只是踢腿练习，如果能日复一日地坚持，练习者也终将成为一个武者。

结　语

　　天行健，君子以自强不息！泱泱华夏五千年，文做魂，武为骨，成就了一个又一个的盛世，创造了一个又一个的神奇。人无文不智，国无武不立。中国武术在世界上一直是一个很耀眼的标签，外国人都称之为龙的精神，而我们作为龙的传人，更应该始终保持着尚武精神，积极地怀着一颗勇敢之心走近武术，了解武术。

　　中国武术博大精深，是一代代武者用血汗和智慧凝结而成的宝贵经验。这本读物也只是揭开了帷幕的一角，带领我们迈进武术世界的大门，而大门里面的丰富多彩、玄妙高深也只有经过我们不断地去深入、去挖掘才能够慢慢显现出轮廓。

　　自古武术有三大功用：防身、健体与防病。社会太平了，强身健体就成了我们现代人习练武术的主要目的。但是无论如何都请不要忘记那些历史上曾经璀璨夺目的武术前辈们，以及他们那一颗颗勇敢的心。我们应高举他们的心灯，照亮我们通往武学宝藏的路。

　　武术，上武得道，平天下；中武入喆，安身心；下武精技，防侵害。如是也。

参考文献

[1] 国家体委武术研究院．中国武术史．北京：人民体育出版社，1997.

[2] 康戈武．中国武术实用大全．北京：中华书局，2014.

[3] 阮纪正．至武为文：中国传统武术文化论稿．广州：广州出版社，2015.

[4] 曹秉仁．宁波府志．台北：成文出版社，1974.

[5] 杨澄甫．太极拳选编．北京：中国书店出版社，1984.

[6] 姬际可．武术古籍珍本文库（辑）．太原：山西科学技术出版社，2014.

[7] 王文清，郝建峰．形意拳教程．北京：人民体育出版社，2013.

[8] 张大为．武林丛谈．北京：当代中国出版社，2013.

[9] 王建华，屈国锋，王羽辰．图说形意拳械基础学练．北京：北京体育大学出版社，2012.

[10] 王振山．董海川技击精髓柔身八卦掌．北京：人民体育出版社，2009.

[11] 杨泓，李力．中国古兵二十讲．北京：生活·读书·新知三联书店，2013.

[12] 黄涛．咏春拳．北京：人民体育出版社，2013.

[13] 邓力．武术训练与欣赏．长春：吉林文史出版社，2006.

[14] 屈国锋．从杀生到养生——中国武术求生之路．北京：北京体育大学出版社，2017.

[15] 甄秉浩．少林寺外传．郑州：河南人民出版社，1997.

图书在版编目（CIP）数据

中国武术浅话 / 北京尚达德国际文化发展中心组编；宋雅树编著. — 北京：中国人民大学出版社，2017.5
（中华传统文化普及丛书）
ISBN 978-7-300-23519-6

Ⅰ.①中… Ⅱ.①北… ②宋… Ⅲ.①武术–中国–通俗读物 Ⅳ.①G852-49
中国版本图书馆CIP数据核字(2016)第252390号

中华传统文化普及丛书
中国武术浅话
北京尚达德国际文化发展中心　组编
宋雅树　编著
Zhongguo Wushu Qianhua

出版发行	中国人民大学出版社		
社　　址	北京中关村大街31号	邮政编码	100080
电　　话	010-62511242（总编室）	010-62511770（质管部）	
	010-82501766（邮购部）	010-62514148（门市部）	
	010-62515195（发行公司）	010-62515275（盗版举报）	
网　　址	http://www.crup.com.cn		
	http://www.ttrnet.com（人大教研网）		
经　　销	新华书店		
印　　刷	北京瑞禾彩色印刷有限公司		
规　　格	185mm×260mm　16开本	版　次	2017年5月第1版
印　　张	6	印　次	2017年5月第1次印刷
字　　数	90 000	定　价	28.00元

版权所有　侵权必究　印装差错　负责调换

本书个别图片来自网络，无法联系作者，敬请作者见到本书后，及时与我们联系，以便编著方按国家有关规定支付稿酬并赠送样书。